The Failure of
Corporate School Reform

教育企业化改革的失败

〔美〕肯尼斯·J. 索特曼 著

张建惠 译

Kenneth J. Saltman
THE FAILURE OF CORPORATE SCHOOL REFORM

Copyright © 2012, Taylor & Francis. All rights reserved
Authorized translation from English language edition published by Routledge, an imprint of Taylor & Francis Group LLC.
Copies of this book sold without a Taylor & Francis sticker on the cover are unauthorized and illegal.

本书中文简体翻译版授权由商务印书馆有限公司独家出版并限在中国大陆地区销售。
未经出版者书面许可，不得以任何方式复制或发行本书的任何部分。
本书封面贴有 Taylor & Francis 公司防伪标签，无此防伪标签者不得销售。

目　录

前言及致谢词 ……………………………………………………… 1

第一章　教育企业化改革的失败 ………………………………… 1
　　创造性破坏 …………………………………………………… 11
　　"增值评价"：是实现进步的工具，还是教育的
　　　　"核选项"？ ……………………………………………… 18
　　谁的价值观？什么价值观？ ………………………………… 21
　　企业化接管公立学校语境下的增值评价 …………………… 24
　　企业化对教师教育的掣肘 …………………………………… 25
　　反批判的基础教育教学改变了学生群体和高等教育 ……… 28

第二章　以城市投资组合学区为例：
　　　　教育企业化政策实施效果令人失望 ……………………… 34
　　引言：企业化教育改革实施效果的失败 …………………… 34
　　早期离心化的形式：管理层和公众的控制权 ……………… 36
　　新的离心化形式：投资组合学区 …………………………… 37
　　依据与投资组合学区措施 …………………………………… 39
　　投资组合学区措施的依据和组成环节 ……………………… 45
　　缺乏依据，来自实践的教训 ………………………………… 47
　　投资组合学区背后的驱动力何在？ ………………………… 50
　　建议 …………………………………………………………… 52

第三章　不是官僚，胜似官僚：
　　　　教育企业化改革中的"新市场"官僚作风·····················54
　　　引言··54
　　　新市场官僚作风寻根溯源：隐形课程、对实证主义的批判
　　　　和20世纪70、80年代的再生产理论·······················58
　　　公立教育中的新市场官僚体系···································66
　　　占主导地位的教育改革中的新市场实证主义··············72
　　　两层分化的教育体系中的新市场实证主义··················75

第四章　民主教学法抵制教育企业化改革的关键作用；
　　　　自由主义者如何导致状况恶化··································78

第五章　开展新型公共教育：为全球社会公平重新定义教育·······91
　　　以教育实现社会公平的三种观点
　　　　新自由主义私有化和社会公平·································92
　　　自由主义以教育实现社会公平的概念·······················96
　　　从批判角度看教育私有化与社会公平·······················99
　　　开展新型公共教育···102
　　　早期的公共教育运动··102
　　　企业化教育改革是对共有权的圈占···························104
　　　公与私的区别在教育中重要吗？·······························108

注　释··115

前言及致谢词

这本书本来可以起个别的题目，比如《窃公立学校之贼：商业机构及富人如何终结了美国公立教育体系》，或者《公立教育的新双层体系：底层学校私有化》，甚至还可以叫《能者售其货；不能者，售其营利教育机构于智囊团》。但最终之所以选用了现在的题目，是出于以下的原因：

首先，企业化教育改革的倡导者曾大力宣扬改革能提升学生成绩、降低教育成本，但是经过二十年的企业化教育改革，在这两个方面，他们的成果都乏善可陈。这本书会让企业化教育改革丑陋的真相逐一水落石出。改革让学校置于私人管理之下、脱离原来的运行模式、通过所谓的"自由选择"在教育中引进"市场竞争"，却远未达到倡导者们承诺的目标。二十年前，约翰·恰伯（John Chubb）和泰瑞·莫（Terry Moe）曾经在《政治、市场和美国学校》（Politics, Markets and America's Schools）一书中力证教育私有化的合理性，声称私有化能立竿见影地遏制公立学校的官僚作风。但是本书将说明，企业化教育改革是如何滋生了一种新型的私有化官僚作风。更糟糕的是，这种傲慢的新型多层次私有官僚体系与民主理念背道而驰，所接受的公众监督和共同治理日益匮乏，并且将控制权和财富都转移到了私人经营者手中。

其次，企业化教育改革预设了一个前提：公立学校体系已经"彻底失败"。这种笼统的整体论断从来就不可信，因为按照传统的教学质量标准来看，能获得高额投资的那部分公立学校一直表现良好。被私有化、商品化的教育改革对象始终是劳动者阶级的社区学校和贫困城市社区的学校，对这些学校和社区的教育拨款缺斤短两已成历史传统，每生教育拨款不超过获得拨款最多的那些公立学校的三分之一。

2 | 教育企业化改革的失败

本书将说明，如果要说企业化教育改革取得了"成功"，至多是以下这些方面的"成功"：把学生变成投资者股掌中的商品，在经济停滞的状况下掠取公共资源，加剧了已经令人咋舌的财富不均、收入不均的状况。最富有的美国人瞄准了劳动者阶级和贫困家庭的学生的教育，手握业务转包、学校管理、考试、数据分析等生财之道，以教育事业为投资商机，富人大发其财、学校对学生严厉惩罚、出于种族偏见和阶级偏见对学生进行人身控制，这些现象令人瞠目地融为一体，在贫困社区和劳动者阶级的城市的有色人种学生当中尤其突出，他们所接受的教育是反智的，也是拒斥批判分析的。

不公平不仅存在于对学生的软硬件支持和待遇方面，更令人悲哀的是，美国成年人已经放弃了对教育平等的追求，拒绝提供公平的教育拨款，拒绝努力让公立学校减少种族歧视，拒绝能培养真正意义上的、有学术精神的、批判性的课程和教学内容。过去公立学校从未摆脱种族和阶级的层级体系，但是要巩固公立学校教育，必须促进种族、民族之间的融合，平等资助学生教育经费和增加批判性的学习内容，以对抗这样的历史痼疾。导致解决公立学校历史性缺陷失败的原因集中体现在企业化教育改革当中，而且它还导致问题变本加厉。由于企业化教育改革，种族隔离和经费不平等的问题日益严重，推行标准化教学、强迫学生死记硬背、教学内容僵硬死板，致使教育完全背离了创新、批判和平等沟通的宗旨。因此，本书的标题从另一个角度来表达这个问题，也就是说，失败的并非公立学校教育，而是企业化教育方式。由于招生制度的弊端，公立学校提供给劳动者阶级和贫穷学生的教育从来都是打了折扣的，企业化教育改革让这个问题雪上加霜。企业化的教育不仅没能提升考试成绩、降低教育费用，甚至连基本的教育公平都无从谈起。这个改革曾经描绘出一幅美好的蓝图，让人们对民主体系中公立教育所能提供的服务充满期待，但真实情况是，整个社会都被他们蒙蔽了。

近十年来，我和许多同仁都在从批判的视角分析企业化的教育改革，但是直到最近，公众才开始关注公立学校受到了营利性机构何等猛烈的冲击。接手学校教育并为其提供资金支持的投资慈善家、企业基金会和媒体企业在教育企业化改革中各有利益追求，因此在媒体乐此不疲地推广宣传。

同样，公众也越来越关注企业接管学校教育所受到的抵制。戴安·拉维奇（Diane Ravitch）在乔治·布什任职期间曾担任教育部助理秘书，在全国范围内，她唤起了大众对长期以来与她相左的意见的关注。在《美国教育体系的存亡》(The Death and Life of the American School)一书中，她描述了自己的转变：从为右翼智囊团鼓吹私有化，转向捍卫公立学校和教师工会。这本书在自由主义者和进步媒体中都产生了深远的影响。由于这场闪电战一般的传播，企业化教育改革不能提升成绩、无力降低成本和"课程设置日益偏狭"等方面的负面效应得到了更多披露。但是，她并没有触及教育企业化改革最重要的一些问题：没有认真地讨论文化、政治在教育中起作用的程度；没有分析在底层经济的拼抢中，学校如何复制层级分明的劳动力结构；没有说明在富人对其他美国人发动的阶级和文化战役中，对公立学校的冲击如何成为更大范围内新自由主义的再建构的一部分。

在第四章我会讲到，对企业化教育改革的自由主义批评并没有提及，教育和对教育的激进重建与更大范围内经济和文化领域的拼争之间存在盘根错节的关系。达令－哈蒙德（Darling-Hammond）认为，如果公立教育体系的追求是实现更加公正、平等、民主的国际社会，就不会去叫嚣要加强美国军事力量和经济的霸权地位；拉维奇也提出，这样的公立教育体系不会去宣扬要变本加厉地散播美国的文化教条。如果公立学校仍然受制于种族隔离导致的地产财富体系，公立教育也同样无力为传统的社区学校辩护。相反，对企业化教育改革的民主批判不能仅仅止步于捍卫公立学校，它需要努力重塑公立学校，让这些学校秉承批判型民主社会的价值观。因此，要巩固公立学校，就要在教学方面大胆开拓，保证真理的地位不可撼动、知识的生成和流传脱离对名利的狭隘追求和竞争，从反压迫、不公和暴力的视角，对具体情况做出理论分析，让这些努力都处于教与学的核心地位。同时，为壮大公立学校奔走呼吁的人需要清楚，在自我和社会重构中、在批判力量的形成中、在具体地区和全球实现公正的集体努力中，公立学校都要担负沉甸甸的使命。

另外，本书还认为，我们不能忽视，企业化教育改革发生的大背景，是近二十年来美国商业机构和富人对公共领域的掠夺。私有化的猎物不仅包括公立学校和大学,还包括公共住房、公共医疗、公共道路、军队、媒体乃至饮用水。本书的最后一章将讲到,全球蔓延的经济和文化的新自由主义重构并非大势所趋,也不是唯一可能的选择。鼓励批判的教育应该如何构思公共民主体系中学校的功能。近年来,对于普通人和"占领华尔街"运动的学术研究启发了更多关于这个话题的认识:教育不仅仅要提升民主的社会关系、公民参与、批判性课程设置,更需要给学生们提供一个场合,研究如何实施新自由主义资本制度的替换方案。换言之,教育可以起到形成性作用,让公民明白大众的劳动如何能够裨益大众,而不是让某些人中饱私囊。

由于媒体不遗余力地鼓吹,过去这两年来,企业化教育改革的声音不绝于耳,除了媒体之外,为其摇旗呐喊的还包括那些拿了捐赠者大笔资金的"伪草根"机构,例如"为学生代言"(Stand for Children)和"学生优先"(Students First),包括获得企业高额资助的特许教育机构、右翼教育和智囊机器,以及盖茨、布罗德和沃尔顿基金会等。但是,对企业化教育改革的反对意见也已经广受关注,在地方、州、国家层面迅速增长,教师、学生、教师工会和活动家们也日益重视这个问题并采取行动。有些学生用脚投票,不再参加标准化考试。有些教师工会的分会,例如芝加哥的"普通教育者决策委员会"(Caucus of Rank and File Educators),努力捍卫教师和学生权益,同时在更大范围内对抗着经济不平等、城市人口贫民化和企业的诸多控制。抗议者占领了教育会议地点、州首府以及计划推行企业式"教师整顿"的学校。独立教育评论家们提出,企业化教育改革的谎言和手段的速度之快、影响范围之广,使得研究政策的期刊和书籍都望尘莫及。对于这些努力和交锋,媒体企业不敢小觑(因为他们跟企业化改革利益相通)。企业化教育改革者们嘴边经常挂着"教师整顿"和"创造性破坏"这样的说法。本书不仅将让读者看到"创造性破坏"这个说法是如何走向它的反面,而且也会为反对企业化教育改革的意见提供佐证。取代企业化教育模式的,应该是再度齐心协力发展批判性的公立教育,只有这样的公立教育,将来才能为真正的民主打下基础,使其贯穿各种机构、经济体和文化。

我要感谢范示出版社（Paradigm Publishers）的两位编辑：迪恩·博肯坎普（Dean Birkenkamp）和杰森·巴里（Jason Barry）。他们给我的书提供了宝贵的意见，我们之间的再度合作非常愉快。我还要感谢朋友们和同事们，他们一直跟我交流关于这部书的意见，书中的许多部分是受到了他们的启发。尤其要感谢罗宾·特鲁斯·古德曼（Robin Truth Goodman），他是个非常难得的朋友和搭档，他与我定期地讨论书的内容，给这本书做出了很多至关重要的反馈。关于这本书和书之外的其他事情，我的好朋友，亨利·吉鲁（Henry Giroux），总是从不间断地给我提供深刻的分析和有益的启发。他是一位世界级的学者，他的学术和公共影响力都很难一言以蔽之。能够跟他不断沟通、以他为友，是我毕生的荣幸。我还要深深感谢我的朋友艾利克斯·米恩斯（Alex Means），本书第三章关于新市场官僚体系的内容是我跟他广泛沟通意见之后的结果。艾利克斯将他在人类学方面的精辟见解和理论知识毫无保留地贡献出来，对于我的这本书而言弥足珍贵。艾利克斯·摩尔那（Alex Molnar）在第二章的写作中起了巨大的作用，因为这一章是对美国教育政策研究中心（National Education Policy Center）的政策回顾，艾利克斯对这一章提出了严格的要求，进行了敏锐的审视。全国教育政策中心的其他一些人也对这一章提供了宝贵的建议，包括威廉·马西斯（William Mathis）、帕特里夏·辛奇（Patricia Hinchey）、了不起的盖瑞·米隆（Gary Miron）（他对特许学校的实证研究水平无人可比），还有快人快语、性情洒脱的苏珊·奥哈尼安（Susan Ohanian），以及凯文·维尔纳（Kevin Welner）主任，他在新学券问题方面的研究工作虽然在私有化进程中至今尚未得到应有的关注，但是发前人所未发，独辟蹊径。在路易斯安那州，我与该州中小学教育委员会和该州校董事会协会关于教育私有化所做的讨论后来形成了第一章的部分内容，促成这次讨论的是背弃了自己原来的共和党立场，又鼓动反对共和党意见的泰米·麦克丹尼尔（Tammy McDaniel），我们在密西西比河三角洲难忘的旅行也是他安排的。几位研究生助理在研究中提供了许多帮助，其中包括安迪·托马拉（Andie Thomalla）、玛拉·奥谢（Mara O'Shea）、玛利亚·奥卡西奥（Maria Ocasio）和马洛里·威赛尔（Mallory Wessell）。还有许多其他朋友和同事不断给予我们宝贵的意见交流、支持和启发，他们是菲利普·克瓦科斯（Philip Kovacs）、韦恩·罗斯（Wayne Ross）、唐纳德·马赛多（Donaldo Macedo）、派比·雷斯缇娜（Pepi Leistyna）、克里斯托弗·罗宾斯（Christopher Robbins）、苏珊·希尔斯·吉鲁（Susan Searls Giroux）、乔希·谢泊德（Josh Sheppard）、大卫·贾巴德（David Gabbard）、乔奥·帕拉斯科瓦（Joao Paraskeva）、西拉·马克里恩（Sheila Macrine）、伊诺拉·布朗（Enora Brown）、史蒂芬·海姆斯（Stephen Haymes）、阿米拉·布洛维勒（Amira Proweller）、克里斯·穆雷（Chris Murray）、德龙·博伊尔斯（Deron Boyles）、特雷弗尔·诺里斯（Trevor Norris）、约翰·波特利（John Portelli）、梅根·博乐（Megan Boler）、桑德拉·麦提森（Sandra Mathison）、克里斯滕·布拉斯（Kristen Buras）、诺亚·索比（Noah Sobe）、罗伊斯·维纳（Lois Weiner）、威廉·瓦特金斯（William Watkins）、杰克森·波特（Jackson Potter）、萨拉·韩德斯（Sarah Hainds）、休·麦克里恩（Hugh McLean）、伊安·麦克弗森（Ian McPherson）、苏珊·罗伯特森（Susan Robertson）、克·克里斯提（Hk Christie）、克雷顿·皮尔斯（Clayton Pierce）、诺亚·德利撒弗里（Noah Delissavoy）、理查德·卡恩（Richard Kahn）、茱莉亚·豪尔（Julia Hall）、托尼·卡路西（Tony Carusi）、布拉德·波菲里奥（Brad Porfilio）、卢·唐尼（Lou Downey）、艾尔·林吉思（Al Lingis）、诺亚·盖尔芬得（Noah Gelfand）、罗博·伊萨克斯（Rob Isaacs）、杰夫·特鲁艾尔（Jeff Truell）和凯文·布恩卡（Kevin Bunka）。

最后，我还要感谢女儿西蒙娜和她的母亲凯西，感谢她们多年来给我的爱和支持。这本书，我满怀对未来的希望，敬献给她们。

第一章　教育企业化改革的失败

一种企业化的教育形式已经无孔不入地出现在美国教育政策、教育实践、课程社会和教育改革的方方面面。尽管它最早发端于右翼政治团体，但在如今的政坛已如黑云压城。共和党和民主党都对这一改革做出了积极的反应。企业化教育改革的"杀手锏"就是私有化，尤其是将学校收归私有、解除原有管制、引进商业管理的术语和理念，把公立学校当成私有企业、把学区当成市场、把学生当成消费者、把知识当成商品。企业化教育改革旨在把全国范围内的公立学校转变为私有制产业，用私人管理的特许学校、教育券体系和私立学校获得的课税减免奖学金来替代公立学校。去教师工会、非营利、私人管理的短期合同特许学校只是迈向他们计划的一个过渡环节，迟早他们会宣布这种学校彻底失败，然后用营利性的教育管理机构取而代之。教育管理机构的获利方式是削减教师工资和教育资源，同时形成教师的高淘汰率和劳动力短缺的局面[1]。企业化教育改革企图按照私有领域的方式解决公有领域的问题，包括将学校教学和服务外包、破坏教师工会、全方位实施数字化标杆管理和数据库追踪，以及用企业文化的做法来改造学校的教育和管理模式。积极推进这个政策的人要求实行教师加盟制，或者让学生穿着看起来像零售连锁店员工一般的校服，还要称学校管理人员为"执行总监"；或者是在教育中引入企业化的量化"问责制"模式，将知识和收入挂钩，给成绩良好的学生和提分有方的教师发奖金；或者是要求管理者效法花样百出的华尔街骗局，玩弄考试数据，以虚构他们取得的"投资收益"；或者鼓励教师让学生们在简历中对自己进行花样包装。诸如此类，不胜枚举。

企业化教育改革的发展步伐迅速，但是如果对照他们自己制定的衡量标准，改革已经遭到了重大挫败。这些改革者力主通过比较考试成绩、降低教育成本来实施"问责制"，但是正是从这个角度来说，他们根本没成功。可是，尽管成效差强人意，这些政策仍然在大张旗鼓地执行，包括将管理承包给私有特许权人或营利性教育管理机构；[2] 执行教育券计划或新教育券奖学金课税减免；[3] 扩大商业化范围；[4] 在学校和教职工之间强制实施企业"淘汰"模式[5]，有时甚至不惜解聘全部教师和管理者；压缩课程教学内容，以缩减可量化、实证性和以测试为基础的内容；创造"投资组合学区"（portfolio districts），把学区视作投资组合，学校就是一份股票投资[6]；按照工商管理硕士模式重新组织教师教育和教育领导机构[7]，减少其中的高等学位和证书，以方便"按考试成绩定薪"制度，例如增值评价等。[8]

盈利动辄以百万美元计的大型测试和课本出版业、信息产业和数据库跟踪业，以及跟上述产业有承包关系的行业跟企业化教育改革之间，存在盘根错节的利益关联。[9] 在企业化倡导者眼中，美国教育是一个年营业额约为6000亿美元、令人垂涎不已的"产业"。[10] 未来的美国经济仍然前途未卜，因此，对于那些凭借倾向富人的再分配体系赚得盆满钵满的企业和超级富豪来说，用于公共服务的公共税收无异于送到嘴边的肥肉。[11] 这种再分配方式让公共财富和决策权更加聚集到富人手中。问题最明显的地方，是威斯康星州和新泽西州，那里对超级富豪和企业的减税和帮助企业发展的贿赂基金都来自于克扣公立教育和高等教育；克扣教师工资、福利和破坏工会；扩展私有化制度，包括教育券、特许权和大幅度提升学费；将教育成本转嫁到劳动阶层和职业人士个人头上。执行相同方案的州还包括密歇根州、印第安纳州、佛罗里达州、俄亥俄州和宾夕法尼亚州等。

企业化教育改革与媒体企业之间的交集越来越多，因为后者推动前者的进程，他们的首席执行官也会在企业化教育改革中有一定的参与，同时也跟学区之间交往频繁。乔尔·克莱因（Joel Klein）、迈克尔·布隆伯格（Michael Bloomberg）、凯西·布莱克（Cathie Black）、福克斯、微软、比尔·盖茨等传媒巨擘通过营利的教育科技，从公立学校攫取公共资金的问题日益严重。同样，像麦肯锡（McKinsey）和科尔尼管理咨询公司（A.T. Kearney）等企业顾问对教育政策和改革施加了深刻的影响，左右改革的进程，起草学校政策和改革的纲领。他们促成学校从公立到私立的转换，从中坐收渔利。在全球范围内，不管是世界贸易组织、国际货币基金会还是世界银行，都把公立教育当作一种私有消费性服务，因此，将企业的贸易管理规则强加给各民族国家，例如必须允许营利性外国公司进入教育这个公共"市场"，与国外引进的廉价师资进行竞争，借此给管理权的转移奠定了基础。[12]这样的全球管理结构旨在扩张私有化的教育[13]、促进能够创造剩余价值的流动性师资，例如在卡特里娜飓风之后，引进到新奥尔良州极度企业化学校体系中的廉价菲律宾教师。[14]

公立教育面对的问题，根源在于企业化教育改革秉承的那套商业话语体系和逻辑。[15]它也因此形成了自己思想体系中对于成功和失败的定义方式，推行企业化教育改革的人认为这种思想体系是中立、普适的。按照他们的说法，学生和家长都是私有教育服务机构的"消费者"，而非公民；学校管理人员是经理、首席执行官、投资者，而非为公共利益服务的公仆；教师是商品化的知识的快递员，而非肩负教育学生成为有知识、有技能、有胸怀天下的理想之人的使命。换言之，企业化的社会问题中最糟糕的一部分，是挖空了公立教育在培育批判性公民精神、重要的公民意识和积极的公共参与当中的职责。对这些企业化教育改革者们的伪中立态度、伪普适性，教育研究者们完全不能苟同。他们坚持认为，公立教育在政治意义上的任务不可或缺、必须完成。也就是说，诸多关于课程内容、教学手段和学校管理的角力，其实是对不同个人和集团的知识、价值观和意识形态的争夺。从而还可以说，教师、学生和其他文化领域中的人不仅无可避免地必须带着政治性，而且还应该有反思之后的行动以及遵循不断处于提升和修订中的规范的政治、伦理标杆的引导。

企业化教育改革无法达到自己订立的模糊任务条款。在其框架下，学生考试成绩未能提高、教学成本未能降低、影响效率的官僚风气未能纠正、学生之间的成绩鸿沟未能填平。但它有一件事做得相当成功：把学术、政策和公共领域对于教育的讨论内容偷梁换柱。

企业化教育改革在多大程度上左右了公共和政策话语，从它的一些观点可见一斑：公立教育先是为商业需求而存在的，它对全球经济竞争都负有义务，只有用"竞争"和"选择"的宗旨办起来的企业化学校体系才能给个人成就和机遇打开一扇大门，教育成就最重要的是让个人能够在企业化经济中作为一个消费者或者劳动者存在。持这些论调的，不仅包括右翼智囊团——美国传统基金会（Heritage Foundation）、胡佛战争革命与和平研究所（Hoover Institution on War, Revolution and Peace）、美国企业协会（American Enterprise Institute，简称 AEI），也包括福德汉姆大学，或者一些据称进步的团体，如美国进步研究中心（the Center for American Progress）。右翼基金会，如传统基金会、胡佛基金会、福德汉姆和曼哈顿基金会手中持有的种子基金来自那些资金非常充裕的极右翼基金会，如欧林（Olin）、布莱德利（Bradley）和斯凯夫（Scaife）等。在这些组织担任研究工作的学者和政策分析家们之间关系紧密，在政府身兼要职、在学术界呼风唤雨，为其效力的手下人数众多，同时这些专家学者们也在源源不断地培养接班人。在教育圈之外，有人正在努力挖空州政府的管理职能、克扣社会服务投资、削减大萧条时期罗斯福政府制定的社会项目，他们将公共产品和服务都当成私人的囊中之物，可以弃之不用，也可以交给富有的投资人或者企业管理。那些专家学者们的教育理念跟这些观点其实是一脉相承。

新自由主义的基本信条是让市场自由发挥、让公共服务私有化一统天下。自 2008 年以来，这些理念已经在整个世界政治话语中被打上了红叉，但是在美国的教育政策中，新自由主义的倾向并没有销声匿迹的迹象，因为两党都愈发笃信，公立教育就应该心无旁骛地服务于经济发展，为资本积累和全球低薪劳动力的疯狂竞争培养工人和消费者。通过 2008 年的金融救助，"力争上游"教改计划（Race to the Top）体现出了一种倾向富人的变态社会主义。政府以数十亿美元的诱惑促动各州拓展私有化的、管理人负责的教育改革，例如设立特许学校、高分奖励、教师淘汰等制度。诸如此类的改革将以往被忘在脑后的那些学校看作私有企业，需要扔到私有市场中去经受"创造性破坏"。在政府眼里，最大的金融和汽车制造企业都"大到国家无法允许它倒闭"的程度，所以要用未来几代人的债务负担作为代价来竭力挽救；[16] 但是美国公立学校就未能幸免，被贴上"失败"的标签，必须以所谓有竞争力的市场来取而代之。目前对教育管理机构的集中管理预示的是，一旦将来普通公立教育被定义成私有产业，非"创造性破坏"无以拯救，那么照此来看，数量不多的大型教育公司，例如爱迪生教育培训机构（Edison Learning）、K12 和想象力教育公司（Imagine Schools Inc.）也会占领教育市场，然后声称自己也"大到国家无法允许它倒闭"。这是有例在先的：2002 年，爱迪生教育股票面临彻底崩盘，当时的佛罗里达州代理州长、后来的州长杰布·布什（Jeb Bush）和查理·克里斯特（Charlie Christ）动用了公共资金——佛罗里达公立学校教师退休基金——购买了该公司的股票，将其私有化。因为爱迪生教育难以继续拓展市场，所以就剥离出来"滕森 & 牛顿"（Tungsten and Newton）这个部分，以充分利用营利性教育转包的机会。

公立学校应该是塑造民主文化和社会革新的场所，彻底放弃了这个使命，就造成了今天美国新自由主义公立教育的深刻危机。公立教育让公众反思自己的价值观，在今天的美国，没有多少公共空间还能起到这个作用。没有良好的公立教育，社会必然到处充斥着商业的铜臭。新的教育改革大力推行政府监管下、私有商业机构控制的特许学校体系，将教育的意义局限为标准化考试的成绩，通过 21 世纪技能和共同核心运动（21st Century Skills and Common Core）实施标准化课程内容，将原本开拓智力、提高社交能力的教育过程贬低为应试策略的灌输过程。因此，新自由主义公立教育改革彻底粉碎了学校培养公民奉献社会、追求平等的潜在责任。

教育管理机构除了赚钱没有别的追求。其中 94% 都是特许学校。在 2008 年到 2009 年之间，至少有 95 个教育管理机构在 31 个州运作，包含 339,222 名学生和至少 733 所学校，16% 的最大规模的教育管理机构管理着其中 80% 的学生。主要的大型公司和其所辖的学校数量为：爱迪生教育（62 所），列奥纳集团（Leona Group）（67 所），全国传统学术（57 所），白帽子管理（White Hat Management）（51 所），想象力教育公司（76 所），学术圈（Academica）（54 所），迅速发展的虚拟网络教育公司 K12（24 所），莫塞卡教育（Mosaica Education）（33 所）。[17] 按学生人数来算最大的教育管理机构爱迪生学校（现称：爱迪生教育）已经深陷无数金融和问责丑闻。我在《爱迪生学校：企业化教育和对公立教育的冲击》(The Edison Schools: Corporate Schooling and the Assault on Public Education) 这本书中曾经提出，这些丑闻与其说是由于个人的贪腐导致的，还不如说是由于强加的私有化制度、公共管理失控这些社会问题所导致的。

2002 年，在泽尔曼诉哈里斯 – 西蒙斯案（Zelman v. Harris-Simmons）之后，美国最高法院批准了以市场为导向的教育券制度，这是私有化的主要做法之一，由美国在华盛顿州和经卡特里娜飓风袭击之后的海湾地区执行。[18] 像威斯康星州这样的一些州趁 2008 年金融危机和随之而来的州政府财政紧缺之机，大规模推行教育券和特许学校制度，同时缩减公立学校教育经费，限制用于公立学校的当地税收，减少企业税收。大型教育机构，例如玩弄垃圾债券的老手迈克尔·米尔肯（Michael Milken）掌控的知识宇宙（Knowledge Universe）意图并购许多教育公司。这些大型教育机构手中掌握了种类繁多的营利性教育企业，涵盖测试发布、教材出版、辅导服务、课程咨询、教育软件开发、出版和销售、玩具制造和其他的公司。[19]

在美国，基础教育法案（"不让一个孩子掉队"）对特许学校投资以数十亿美元计，大大助力了私有化教育改革，因此新成立的营利性学校中，有超过四分之三都是特许学校。"不让一个孩子掉队"法案还要求进行选拔考试，实行"问责制"，以及将资源从公立学校转移到测试、教材出版企业和营利性补习机构的控制之下。另外，它的附加教育服务条款还要求低分学生去营利性机构补习，而不是给表现落后的公立学校注入资金。

营利性教育管理机构中管理私立学校的那些公司只是私人接管学校的一部分。非营利性特许学校创建的前提是给教育注入一股健康的"市场竞争"的清流，逼迫学校彼此竞争生源，让那些分数低迷的学校"关门大吉"。这些学校口口声声说的是竞争，但是自从创建之日起，它们就始终在严重依赖拨款和慈善捐助（例如盖茨基金会就对特许学校慷慨资助几十亿美元），并且现在越来越依赖政府的资金刺激和一次性拨款。在路易斯安那州的重建学区（Recovery School District），特许学校能够得到奥尔良教区学校两倍的学生资助（每人大约 15 000 美元），但是从学生成绩提高率这个传统角度来说，重建学区远远落后于其他学区。对特许学校的主要全国范围的研究结果表明，它们在传统意义上的学生成绩情况低于传统公立学校。[20] 要知道，在过去十年中，为特许学校摇旗呐喊的那些人不仅狂热而且组织有序、资金充沛，他们给特许学校的发展提供了源源不断的政治支持，这些人背后是全国和各州的游说团体，例如州特许学校联合会。支持特许学校的还包括华盛顿的智囊团，例如福德汉姆、AEI、胡佛、传统基金会。政治支持之外，所谓的投资慈善家们[21]也在给特许学校提供大把的金钱，尤其是盖茨基金会和布罗德基金会、新学校投资基金会（New Schools Venture Fund）、特许学校成长基金会（Charter School Growth Fund），这些机构都虎视眈眈地想要把公立教育替换成一个全国的教育"大市场"。

这项改革起初还是一场草根运动，意在追求创新、独立、脱离常规的学校模式。但是，现在在全国攻城略地的"投资慈善家"的企业化模式已经脱离初衷，转而强调要将传统的学校模式和僵化的教学替换为能够非常同质化的教育内容，而绝非带来创新。特许学校的发展既不稳定也难持续，原因是不管是来自于慈善家还是来自政府，资金注入都会枯竭。如果真到了这一天，特许学校会最终"关张停业"，但这之前，它们会不遗余力地降低成本以求生存。从过去的经验来看，降低成本的方式包括对本地有经验的教师进行解聘或降低工资，雇佣毫无经验的教师，给他们低廉的工资同时要求他们耗尽心力去教学；雇佣低报酬、无经验的"为美国而教"（Teach for America）的教师甚至无资格证的教师；转而要求其他替代性的证书；[22] 解散工会；篡改考试成绩；从国外引进廉价师资；劝退或者直接开除有特殊需求的学生和外国来学英语的学生以提高考试成绩；将学校的管理承包给营利性管理公司。

特许学校通常是挂公有的招牌，行私有的实质。这些学校将管理转交给未经过任何人投票的委员会，其中大权在握的是商人，这些委员会把对学校的管理权从公共手中彻底拿走。他们跟营利性机构形成承包关系，这些公司转而就会耗尽公共投资，将其财务状况始终置于公共监管之外。他们在自由"选择"的幌子底下造成新的教育不公平，因为在学校招生的过程中，他们眼里只有那些钱包鼓、人脉足、见多识广的学生家长。此外，为了吸引家长，特许学校不遗余力地打公关、广告战，因此而耗尽公共资源，而这些资源本可以用于教师、书本和学校建设。从经济角度出发，特许学校把学生看成是工人和消费者，大张旗鼓地提倡选拔考试，学校因此将知识当成学生消费和反刍的产品，而不会去教育学生批判性地思考周围的世界，以世界公民的身份让世界更美好。特许学校无法解决种族隔离和白人离开城市迁居郊区的问题。平权运动的民主理想被弃如敝屣，特许学校成了帮凶。民主党从共和党那里剽窃了教育改革的计划之时，右翼政治团体在短期内对特许学校给予支持，目的是为了能够在许久之后宣布特许学校实验一败涂地，为大幅度扩展的教育私有化做好铺垫。换句话说，特许学校以自身倒闭的方式，为未来学校被营利性企业私有化准备了舞台。这一切是如何在全国蔓延的，尤其是在被飓风袭击后，企业化教育改革实验失控的路易斯安那州。

关于特许学校的不实之词和事实真相

不实之词：

• 特许学校在传统的考试成绩方面胜过传统学校〔芝加哥市长、前奥巴马班子幕僚长拉姆·伊曼纽尔（Rahm Emanuel）一直鼓吹的观点〕。

• 特许学校能够根治官僚作风、提高投入回报率。

事实真相：

• 只有17%的特许学校能够在考试成绩方面超过传统学校；37%的特许学校成绩低于传统学校；46%的特许学校与公立学校相差无几（芝加哥的这些统计数据在全国其他地方也几乎如出一辙）。[1]

• 特许学校的管理比传统学校管理耗费更大，而对教学投入更少。[2]

• 特许学校加剧了种族隔离。[3]

• 特许学校依赖不稳定的私人资金支持和高度集中的私人管理。[4]

• 特许学校致使民主选举出的地方学校委员会遭到解散。[5]

• 特许学校破坏学校教师工会，使教师遭受更多淘汰，导致教师队伍中出现更多没有经验的成员。[6]

- 特许学校为利润拒绝接受管理成本高、成绩低的学生。
- 特许学校签约的营利性经理人在教育管理过程中掠走很大一部分教育资源。[7]
- 特许学校制造了"彻底打乱""创造性破坏"[8]的说法,为以后的大规模私有化和不稳定创造了前提。
- 尽管早期特许学校的目的是形成自己与众不同的独立模式,但是来自投资慈善家(盖茨和布罗德)的集中投资促使它们形成非常有限的一系列同质化模式,以便用于将来的"复制"和"扩展"。[9]

1. S. Banchero, "Daley School Plan Fails to Make Grade," *Chicago Tribune*. January 17, 2010, p. 1; D. Humphrey, V. Young, K. Bosetti, L. Cassidy, E. Rivera, H. Wang, S. Murray, and M. Wechsler, *Renaissance Schools Fund-Supported Schools: Early Outcomes, Challenges, and Opportunities*. Menlo Park, CA: SRI International, 2009, 网址:http://policyweb.sri.com/cep/publications/RSF_FI- NAL_April_15v2.pdf. 另参见本章第 20 条注释中列出的研究内容。

2. G. Miron and J. L. Urschel, *Equal or Fair? A Study of Revenues and Expenditure in American Charter Schools*, Boulder, CO, and Tempe, AZ: Education and the Public Interest Center and Education Policy Research Unit, 2010, retrieved May 9, 2011, 网址:http://epicpolicy.org/publication/charter-school-finance.

3. G. Miron. J. L. Urschel, W. J. Mathis, and E. Tornquist. *Schools Without Diversity: Education Management Organizations, Charter Schools, and the Demographic Stratification of the American School System*. Boulder, CO, and Tempe, AZ: Education and the Public Interest Center and Education Policy Research Unit, 2010, retrieved May 9, 2011, 网址:http://epicpolicy.org/publication/schools-without-diversity.

4. K. J. Saltman, *Urban School Decentralization and the Growth of "Portfolio Districts,"* Boulder, CO, and Tempe, AZ: Education and the Public Interest Center and Education Policy Research Unit, 2010, retrieved May 9, 2011, 网址:http://nepc.colorado.edu/publication/portfolio-districts.

5. Pauline Lipman and David Hursh, "Renaissance 2010: The Reassertion of Ruling-Class Power Through Neoliberal Policies in Chicago," *Policy Futures in Education* 5, 2 (2007); Kenneth J. Saltman, *Capitalizing on Disaster: Taking and Breaking Public Schools,* Boulder, CO: Paradigm, 2007.

6. Liz Brown and Eric Gutstein, "The Charter Difference: A Comparison of Chicago Charter and Neighborhood High Schools," Collaborative for Equity and Justice in Education, University of Illinois–Chicago, College of Education, February 17, 2009, 网址：www.uic.edu/educ/ceje/resources.html.

7. G. Miron and J. L. Urschel, *Equal or Fair? A Study of Revenues and Expenditure in American Charter Schools*, Boulder, CO, and Tempe, AZ: Education and the Public Interest Center and Education Policy Research Unit, 2010, retrieved May 9, 2011, 网址：http://epicpolicy.org/publication/charter-school-finance.

8. K. J. Saltman, *Urban School Decentralization and the Growth of "Portfolio Districts."* Boulder, CO, and Tempe, AZ: Education and the Public Interest Center and Education Policy Research Unit, 2010, retrieved May 9, 2011, 网址：http://nepc.colorado.edu/publication/portfolio-districts; P. Hill, C. Campbell, and D. Menefee-Libey, *Portfolio School Districts for Big Cities: An Interim Report*, Seattle: Center on Reinventing Public Education, University of Washington, 2009; Andy Smarick "The Turnaround Fallacy." *Education Next* 10, 1 (2010). 斯马利克认为公立学校应当被视作彼此竞争的私人企业，最重要的是，特许学校的"优势"在于可以轻而易举地关闭、以其他私有化解决方案取而代之。

9. Kenneth J. Saltman, *The Gift of Education: Public Education and Venture Philanthropy.* New York: Palgrave Macmillan, 2010.

路易斯安那州公立特许学校协会主席凯洛琳·柔默·雪利（Caroline Roemer Shirley）在路易斯安那州的雷维尔抨击过我的公共演讲。在那次演讲中，我提出主张教育私有化的人是在如何发国难财，卡特里娜飓风之后的私有化是一场何等的劫掠，以及特许私有化对于特许学校的核心地位。[23] 爱迪生教育和SABIS教育集团以营利性特许学校的形式在路易斯安那州运作，雪利对其的评价是"值得钦佩""非常成功"。在《爱迪生学校》（*The Edison Schools*）中，我提出，作为有史以来最大的私有化实验项目，爱迪生教育让教师疲于奔命、学校账目作假、考试成绩注水、劝退低分学生、组织考试作弊以欺骗投资者。这样的特许学校一次又一次濒临倒闭，说明把市场规则用于教育是何等的风险难测。SABIS被发现不仅招生率低，而且付给教师的工资低于其他学校，就是为了给投资者赚取利润。与非营利性特许学校相比，营利性特许学校数量较少，其原因是飓风卡特里娜袭击之后数家营利性特许学校经营失败，其中包括莫塞卡教育、列奥纳集团和教育未来（EdFutures）公司。

全国许多地方对爱迪生教育存在不满。堪萨斯州威奇托《鹰报》（*Eagle*）的编辑问道："如果它的宗旨是在私有化的教育领域提高效率、降低成本，为什么'这样的模式看起来跟托盘乞讨如此相似'？"不能不说的是，今天路易斯安那州的情况就是如此。如果商业化声称的"提高效率""促进竞争""自由选择"能发挥奇效，既是特许学校跟传统公立学校处于竞争中，为什么这些特许学校得不到跟公立学校同等数量的每生拨款？

创造性破坏

尽管企业化教育改革口口声声提出要进行稳扎稳打的改革，但是它的目的不是促进公立教育。相反，它的着眼点是用一个全国的私有化教育体系取代公立教育，这个私有化体系垂涎于本就入不敷出的公立教育经费，致使学校通常运转不良，只能在眼睛只盯着利润的投资者之间几易其手。倡导私有化教育改革的领军人物们称此为"创造性破坏"或者"深入整顿"，对自己的长期目的并不遮掩。举例来说，就职于福德海姆基金会和美国企业协会（American Enterprise Institute）的安德鲁·斯马利克经常批评奥巴马政府太强调学校大整顿，他解释说，学校整顿的问题在于，特许制度为关闭公立学校创造了前提，可是整顿未能完成这一目标。他曾经写道：

> 解决问题的首要步骤是创设一个关闭学校的清晰流程。要将其付诸

实施，最简单也是最理想的办法就是实行特许学校模式。不管是州级的还是学区级的，都要以成绩为标准订立五年期合同。关键领域如果连年出现问题，学校就应该关门。……特许学校制度已经清楚地说明，健康、有序地深入整顿（即创造性破坏）可以用来解决公立教育的问题。[24]

学校私有化是共和党还是民主党提出的？都不是。2008 年，两党的候选人都提到了要把"竞争"和"选择"概念注入教育体系。2009 年秋天，教育私有化智囊团的领头羊，带有共和党政治倾向的美国企业协会与比尔·克林顿的幕僚长、过渡团队联席主席约翰·伯德斯塔（John Podesta）指挥下的美国进步中心（Center for American Progress）联手，发布了一篇题为"领跑者和掉队者：关于教育创新的各州报告"（*Leaders and Laggards: A State-by-State Report on Educational Innovation*）。这份报告出炉正值"力争上游"（Race to the Top）计划最终定型的时机，旨在帮助各州厘清自己与"力争上游"改革计划的距离。而"力争上游"与"不让一个孩子掉队"的政策其实如出一辙。"力争上游"以资金诱惑各州增加特许学校，将教师评价和绩效工资跟标准化考试成绩挂钩，鼓励各地区开除"办学效果不佳"的学校的全体教师。尽管两个政党都将教育视作商业经营，但区别还是有的：民主党将私有化策略看作改进公立学校的工具，他们在这个问题上的思路跟医疗体系改革的思路大致相同，即在公共体系中注入大量来自私有领域的竞争，迫使公立学校与特许学校代表的私有竞争者争夺市场；而在极右翼政治人物看来，公立教育体系已经一无是处，公共出资、私人所有的教育体系将取而代之，此前特许学校会充当一个过渡措施。这些人声称通过特许学校来加强公立教育，他们没有意识到的是，一旦传统公立学校转变为特许学校，私有性质将导致关停它易如反掌。推动私有化的并非事实依据，而是某些人自以为是的想法和利欲。

2007 年我出版了著作《可乘之灾：攫取破坏公立学校》（*Capitalizing on Disaster: Taking and Breaking Public Schools*），本书主要内容如下：私有化教育政策原本无法通过正常的政治途径得逞，而后来它借助天灾人祸得以落实。我详细解释了这些人是如何利用飓风卡特里娜来落实事先早已拟定的计划，包括非投标的承包行为，扩大整顿的咨询业务，进行目前为止最大规模的教育券实验，要求公立教育机构同私立教育机构一样出具数据报告。尤为重要的是，实施史上规模最大、出手最重的尝试，意欲拆散整个公立学区——开除所有教师、对教师和管理人员聘用人选实施一言堂的专断、以相当私有化的特许学校网络取代公立学区。

在《可乘之灾》这本书中，我提出，卡特里娜飓风之后发生的一系列事情应当放在一个更大的范围内来理解：教育机构被贴上"失败"或是"受灾地区"的标签，目的在于给未经验证的激进实验行为铺路——尤其是以商业途径进行教育改革的偏激行为。这样的做法绝非小打小闹，而是已经呈现黑云压城的态势。声称公立学校"一无是处"，因此要将其出售给私人公司的说法，不仅仅出现在南部海湾地区，也同样是 2010 年由企业率领、阿恩·邓肯倡导的芝加哥教育改革复兴计划的核心。这个教育复兴计划关闭了 60 所学校，开设了 100 所私有的、无教师工会的特许学校。同样，在被入侵之后的伊拉克，为重建教育设立的特许学校给当时的教育承包商——"创造联盟国际公司"（Creative Associates International Inc.）——带来了数百万美元的收入。"不让一个孩子掉队"计划也不遗余力推动特许学校的发展，要求大规模使用营利性辅助教育承包商服务，以及实施充分的年度进步要求、进行持续性的考试评价，旨在宣称公立学校已告无力支撑、亟待关闭和转为私有化。

2006 年，卡特里娜飓风席卷奥尔良之后的六个月，我完成了《可乘之灾》的写作。身为职业会计师的保罗·瓦拉斯（Paul Vallas）曾任芝加哥公立学校和费城公立学校的"首席执行官"，其时刚到新奥尔良州重建学区担任首席执行官。我很熟悉他在芝加哥的所作所为，他实行了名为"重新塑造"的政策，也就是解聘学校全部教职员工，以另一所学校的员工取而代之。这种做法名为"大整顿"，贯穿阿恩·邓肯的任期，罗恩·胡伯曼（Ron Huberman）在芝加哥任职期间也一直延续。现在因为"力争上游"的实行，这种做法已经蔓延全国。我对瓦拉斯熟悉的另一个原因是，在我写作《爱迪生学校》这本书的过程中，瓦拉斯努力想要让营利性公司接管费城学校的管理。公众反对呼声高涨，爱迪生公司股价惨跌，资金周转出现危机，最终的结果是公开上市的这家公司回购了自己的股票。瓦拉斯对激进私有化进程的执着因这场风波而被罩上了许多可疑的色彩。

卡特里娜飓风袭击后的新奥尔良可以算作激进新自由主义重构教育的样本,但瓦拉斯远远不是利用灾难达到个人目的的唯一之人。对公立教育的抨击和私有化改造,在威斯康星州有斯科特·沃克(Scott Walker),在新泽西州有克里斯·克里斯蒂(Chris Christie),2011年在印第安纳和密歇根州也出现过,这些抨击和私有化的腔调如出一辙。[25] 2005年,房地产泡沫开始破碎,富有社区的公立教育收费"相对于地产价格来说蹿上了天"。康涅狄格州右翼刊物《洋基研究所》(Yankee Institute)在哈特兰学校(Heartland School)的新闻报道中做了整版彩页广告。广告中,执行董事路易斯·安德鲁斯(Lewis Andrews)写道:"高瞻远瞩的改革家们已经在摩拳擦掌,让所有社区都做好准备,迎接教育券的到来。"

必须要强调的是,这里我们并不是在讨论瓦拉斯和其他企业化教育改革的倡导者是好人还是坏人、他们的行为是善意还是恶意;我们也并非要把这里发生的一切当作腐败行为的罕见案例看待——尽管在特许学校有关的问题上,腐败是毋庸置疑存在的,比如不经投标的合同、地产交易和其他营利行为,以及一小撮投资商、政策专家、政客们一起结成的人际网络;同样也不应该认为,企业化教育改革的首要问题是"优质教育",是尝试新鲜教育方式、改弦更张来实现有效的教育。这样来看,私有化不过一种策略或途径,通过它,我们能分析教育质量是否得到了提升。

有一些话题,比如企业化教育改革存心不良或者纵容腐败,很可能把这个讨论带偏,所以公众必须抓住一个事实关键:围绕企业化教育改革的争辩中,最首要的是,改革到底是要挽公共教育的颓势于既倒,还是要落井下石将其摧毁。我要强调一点:私有化倡议者们斩钉截铁地认为公立教育已经无药可救了。在他们的私有化过程中,这样定义公立教育正是公众思想改造的一部分。像"选择""垄断""竞争""消费者""问责制"这样的一些说辞将公立教育定义为私有企业,其实非常不妥。认为公立教育已经无药可救也是这类说辞的一部分。相关教育政策的辩论现在就深陷这个定义的泥潭,因而已经很难在教育中再强调重要的民主教育理念,如平等、公正、正义、关爱、智慧和公共利益等。

第一章 教育企业化改革的失败

2004年，比任何人都不遗余力推广特许学校的比尔·盖茨在全国州长协会做了一个报告，这个报告的内容被许多报纸的署名评论专栏转载。盖茨说："美国的高中已经落伍了。我说的落伍，不仅仅是说这些学校管理失败、问题重重、资金不足，这些都是事实。不过我真正想说的是，即使这些学校能按照设计的目标运转，也教不会孩子们应该学到的知识。"

他的总结是："这是一场经济灾难，毁掉了孩子们的生活，而且也在冲击我们的价值观。"[26]

无独有偶，就职于布拉德利基金会（Lynde and Harry F. Bradley Foundation）（教育券计划的一家大型投资商）的皮特·杜邦（Pete DuPont）也将公立学校描述成一个"糟透了的体系"，是美国政府做得最烂的一份工作，是"集体主义"，需要通过创造教育市场、将学生和家长都看作私立教育的消费者才能纠正。同样，胡佛基金会出版的《美国学校情况入门》（Primer on America's Schools）一书中，曾在福德海姆基金董事会任职、在凯西基金会（Casey Foundation）任高级副研究员的布鲁诺·曼诺（Bruno Manno）写道："现今的公立学校不仅是管理不良的问题，而且也已经积弊太深、回天乏力，因为这些学校在知识内容上被误导，在思想上观念偏颇，组织机构上一盘散沙。"[27]

私有化进程的主线就是宣布公立教育体系没救了。在我的上一部著作中，我详细讲述了将公立学校和公共利益看作是私有商品的破坏性后果。[28]我强调说，"失败""选择""竞争"（以及"消费者""效率""垄断"）都显示其背后新自由主义[29]的长期存在。新自由主义染指的绝不止教育，还包括将公共利益当作私有消费品对待、以获取利益的那套术语来代替公共福利的集体目的、以消费主义来渲染公民特征。

从更宽泛的视角来看，我们应当把公立学校私有化和企业化教育改革视作新自由主义经济教条和意识的体现，这些教条和意识也被称作新古典主义经济学或者市场原教旨主义，究其实，是一种保守主义的形式。从根本上来说，信奉新自由主义经济教条的人要求公共产品和服务私有化，解除政府对资本的控制；贸易自由化，允许外国资本直接投资。作为一种思想体系，新自由主义将所有公共产品和服务一律视作私人的囊中之物，目的在于消除公共和私人空间的界限。新自由主义将社会及其成员的福祉转变为某些个人的责任,以人为经济实体——非消费者即企业家——在其框架内,无从谈起个人作为国民的职责,更不用说公众在民主方面的集体责任。从新自由主义的视角来看,国家职能是个庞大笨重、效率低下的官僚机构,而市场则是实现效率和效果的救命金丹。尽管新自由主义对政府心存不满,但还是企图将政府对公民的服务角色转变为压制角色。[30]

从20世纪90年代初以来,新自由主义思想就在教育界卷土重来,步步紧逼。他们将公立教育描绘成商业行为:学生是"消费者",学校理应彼此"你追我赶",从而促进"提升效率";管理者们是"企业家",学校应该"就像在商业领域一样""可以倒闭"(我们应该知道,这种"应该倒闭"的论调是不会用到银行业或者汽车工业身上去的)。"标准化选拔考试"和标准化课程内容在新自由主义教育的日常工作事项里是重中之重,一部分是因为他们将知识看作商品(抽象的、他们认为是不偏不倚的、可以用数字量化的一些单元),由专家制造、教师传递、学生消费。学习和教育的批判性、辩证性视角在这种思维体系里无处生存,因为它将教育看做无非是"正确知识的接收"。按照新自由主义的说法,这种拒斥批判思维的知识和学习就叫作"学生的收获"。用商业语言来定义公立教育,实际上是概念上的混淆视听,将追求利益增长的私有企业和服务于公共目的、公民目的的公立教育二者混为一谈。

从新自由主义的教育观念来看,宣称学校教育已经"没救了"可以一石数鸟。作为一种修辞策略,他们让所有人相信,成绩不好,是因为学生自己乏善可陈、教师工作消极,而不是因为教育的过度标准化、学校巨大的经济压力、家长财力不支、资助减少、种族歧视,以及知识受制于官僚机制。如此,公立教育被定位成私有企业,私人经营被粉饰成拯救公立教育"失败"的良方。公共和私有领域经过如此的概念偷换之后,差别迥异的公共投资是如何导致教育质量的差别、如何体现公共投资历时已久的不平等问题,统统都无从分辨了。

将学校教育类比成商业运作,宣称其已经无药可救的做法,对于不同的族群和社群措辞不同,并且带着种族和阶级的区别。富有的白人社群不在受批评之列，他们的学校得天独厚，从传统角度来看，富有的白人社群所在的学校历来因为投资密集、文化资本丰厚而成绩傲人，不是新自由主义批评的对象。"无药可救"的，是劳动者阶级、有色族裔城市社区跟他们的学校。如此一来，这种说辞把教育不平等和各种缺陷归咎于公立领域，而非私有领域。在美国，企业通过税收政策聚敛公共财富，却不会将金钱回馈给未来给他们提供劳动力的公立教育，因此，在学校教育资金紧张的问题上，私有领域难辞其咎。同时，掌舵私有领域的白领阶层和管理阶层不遗余力地维持极不平等的拨款制度，通过财产税将财富与教育挂钩。此外，私有领域的一些强有力的组织，例如美国制造业联盟（National Association of Manufactures）和商业圆桌（Business Roundtable）始终在操控教育不平等方面发挥着举足轻重的作用。[31] 他们利用公立学校已经失败这一说法来推动私有化。举例来说，保罗·瓦拉斯和阿恩·邓肯在芝加哥首先通过"重新塑造"然后通过 2010 复兴计划（Renaissance 2010 plan）来推动新自由主义改革方案，他们一再强调的就是公立学校已经失败，是时候"给市场一个机会"了。但是，在芝加哥，在 2010 复兴计划之前的将近百年里，市场其实都抓住了充分的机会去影响和塑造学校教育和政策，其结果是导致城市体系资金匮乏、种族隔离、白人搬离城区，在郊区，地产税给教育提供了几乎高出正常情况四倍的每生培养经费。本·期奥拉夫斯基（Ben Joravsky）在他的《税收增量融资区分析》（TIFs）中指出，过去二十年里，市长理查德·戴利（Richard Daley）治下的城市税收基础被从学校挪用于商业贿赂基金。[32] 新自由主义提出的解决方案，如去教师工会、私有化、以特许学校形式体现的解除管制理念、竞争和选择的理念、商业主导的改革，以及实行教师替换等，都矢口否认公立教育体系其实曾经饱受商业操纵之苦，更不用提依照财富程度进行资源分配的源远流长的不平等。[33]

盖茨、杜邦、曼诺、费恩（Finn）以及他们的无数支持者宣称，公立学校的失败可能就是引起美国大范围经济危机的诱因，对于这个因为私有化过度介入而导致的教育问题，他们现在要采取求助于私有领域的做法来解决。此外，那些商业大亨和拥趸们希望将来为自己打工的劳动者受过教育、能在全球经济中与他人竞争。他们将自己的这种需求错当成了放之四海而皆准的远见，但是实际上，这种想法带着浓厚的阶级烙印，受益的人在很大程度上就是那些拥有和控制资本的人。这样的逻辑就是，公共领域应当为私有领域的职业培训和入职准备提供补贴，而后者不应该以税收的形式承担什么义务来为此提供资金。将公立教育的公共目标替换成为世界经济培养有竞争力的工人，就等于说，公共只有参与最低端的全球竞争才能实现自身利益，公共利益是用新自由主义的贸易去管制、实现公共体系私有化来实现的。提倡公共服务私有化的人公开声称，在就业岗位稀少，竞争激烈的大环境下，美国学生最好成为来自贫穷国家工人的竞争对手。他们给学生灌输的理念包括工人纪律、服从、忠顺等。他们对国民教育体系的这种看法所服务的对象是全球经济中的资本利益，但是却与公共利益相悖，因为公共利益必须通过批判性的教学内容来实现，让学生形成社会批判的工具思维，将他们培养成有批判力的知识分子，成为能够自我管理并管理他人的公民，能够对共享的价值观做出深刻的思考，而不会拘泥于消费主义的浅水湾，不会受制于就业机会减少的困境。

"增值评价"：是实现进步的工具，还是教育的"核选项"？

企业化教育改革最重要也是最有破坏力的改革手段之一，是所谓的"增值评价"（也叫作增值模式）。对许多人来讲，增值评价看似是个新颖有力的教育创造，它是指计算学生历时的成绩增减程度，然后将其归因于教师工作。如果学生相对于前一年成绩有所提高，说明教师教学有方，让学生"增加了价值"；如果学生成绩下降或者没有变化，教师就没有让学生"增加价值"。2010年8月的洛杉矶时报[34]突然发表了篇文章，对洛杉矶公立学校教师的考试成绩提升工作评头论足，在全国范围内引起了对增值评价的关注。原本每个州在"力争上游"项目中通过竞争能够获得43.5亿美元联邦政府拨款资格，由于奥巴马政府大力推行"增值评价"，该州是否能获得这一拨款就被和学生考试成绩为指标的教师评价挂起钩来。但是应该意识到，这种政策对公立教育杀伤力极大，对增值评价日益高涨的热情掩盖了这个政策的真相。增值评价要实现的是毁掉教师工会；将教师工作去智化；按照企业盈利模式来重造学校；让有经验的教师以更快的速度耗尽精力。提倡增值评价的人没有意识到，这种所谓的"增值"通过两种方式摧残公立教育：一是作为更大范围内私有化企业改革的一部分；二是将知识物化，或者说是将知识转变为"物品"，可以测量、比较，但是它的传递却牺牲了真正的学问。

之所以很多人对"增值评价"乐此不疲，是因为它看起来貌似能够客观公正地衡量教师能力，可以数字量化，可以追踪，而且可以从汇集的数据中研究筛选出能造就高分的教学方法。推行者们的愿望就是发现这些教学方法和教师行为，然后要求全部教师如法炮制。此外，"增值评价"还要"淘汰"那些不能有效提升考试成绩的教师，以此给教师和管理人员施加压力，尤其是给教师工会施加压力，要求他们按照学生考试成绩的增减，而不是职业评价、任职年限和高级学历来进行评聘解聘、工资升降。这些推行者用学生成绩来决定哪些教育专业课程能够塑造"给学生增值最多"的教师，实际上却干扰了教师教育课程。换言之，从事教育专业教学的老师是否称职，要取决于他将来的学生的考试成绩。用于分析不同教学环境或理解教育跟更大范围的社会斗争、社会结构和价值观冲突的那些的教学理论、学习工具在这个视角下无处容身。

尽管"增值评价"对美国国民而言看似是个新观点，但实际上这个观点是来自于20世纪90年代的田纳西州，而且二十多年以来，始终受到学术界和政界的质疑。这个观点实施状况究竟如何，从那时起直到现在，几乎都没有经过同行评议的实证研究对它给予支持或挑战，有关的讨论不过千篇一律地集中在其技术和方法论层面。[35] 早期的增值评价模式问题层出不穷；但是因为最近所谓统计模型的提升[36]，那些对它的基本前提，尤其是对以标准化测试为基础的学习方式抱有希望的人却备受鼓舞。同时，奥巴马政府和盖茨、布罗德[37]等教育慈善家们对这种理念的财政支持、右翼基金会多年来的鼓噪以及《洛杉矶时报》的分析造势都让这种评价方式一时甚嚣尘上。

但是，不管是学术界还是在大众出版领域[38]，对这种观念的批评声也不绝于耳。其中一些措辞强硬，指出"增值评价"导致现在一名教师要承担原本是数名教师（包括导师）完成的任务（这个情况已经愈演愈烈，因为"不让一个孩子掉队"制定了许多条款，规定教师要提供额外教育服务）。批评者还认为，"增值"把考试成绩当成对于学生学习最完美、最具备实际价值的评估手段，因此，增值评价与"不让一个孩子掉队"具有相同的缺陷，就是尽管极其强调标准化考试，却并没有带来更高的分数。对标准化考试过度推崇，就会牺牲掉更为全面的评价方式和教学手段，而只有全面的方式和手段才能够鼓励学生实现真正的理解（尤其在难以量化的知识类型，例如人文和艺术的学习中）。批评意见还指出，增值评价让课程受到压缩，鼓励教师"以考试为准绳"，把有意义的课程替换成了应试课程。

即使一力赞同增值评价的人也认为，这种评价方式在技术上存在局限性。人称"数字先生"的卡尔·比亚力克（Carl Bialik）在《华尔街日报》的一篇文章中指出[39]：一、"有很大一部分教师的历年排名出现了急剧的下跌"；二、"以这种方式很难发现好老师，首先，学生不是随机分派给教师的，因为有的老师擅长帮助后进生，就有更多的后进生被交给他，到年底，这位老师就要吃苦头"；三、样本尺寸太小（每班每年只有 15—20 名学生），无法给教育部提供可靠的分析，教育部因此估计，即使有三年以上的数据，"因为无关的变量干扰，可能要有四分之一的教师要受到错误评价"。不过比亚力克认为，尽管增值评价在方法论上存在严重缺陷，但是并不妨碍它同主观评价相比更貌似一个有效的工具。比亚力克和许多其他人认为令增值评价魅力无穷的，是考试成绩能够为教师素质提供"客观"的测量手段。即便是批评增值评价的自由评论家，例如斯坦福教育学教授、奥巴马选战顾问琳达·达令–哈蒙德（Linda Darling-Hammond）也十分认同这个"客观"的假设，认为标准化测试可以成为一个很好的工具，不过，因为它有方法论上的缺陷，所以应当结合其他评价方式，例如观察，而不要彻底摒弃这种方法。但是，对增值评价的客观性假设实际上是一个很大的谬误。

关于增值评价的论辩过程中，缺少了两种批评意见：一、增值评价看似价值观中立，其实是在培植特定的意识形态和政治价值观以及思维模式，因此将导致非常危险的反批判 / 反智的教育方式，这与公立教育最光荣的培养公民意识的传统是彻底背道而驰的；二、就目前势如破竹的公立教育私有化进程来看，以市场手段进行的教育改革、与教师工会势不两立的对立态度以及增值评价都在摧毁过去的教育体系，导向一种新型的双层教育体系，一是公立精英高层，二是私有化之后资金匮乏的低层。其结果包括：为低技能、低收入的私有化劳动力搭建平台；在商品化的底层教育中为投资者带来利润，但是同时导致高度不平等的体系；把本来就稀缺的公立学校资金抽走，交给了分析数据和提供测试的那些企业。

谁的价值观？什么价值观？

2010年9月2日，美国教育部长阿恩·邓肯的继任——罗恩·胡伯曼，以芝加哥诸公立学校"首席执行官"的身份出现在芝加哥城市俱乐部。在他看来，增值评价是不折不扣的去旧换新的利器。他把增值评价比喻成一辆车，说人们根本无须思考汽车存在不存在，使用就是了。增值评价也是一样，它衡量的是教师工作的历时性改变，将在以后成为他为芝加哥公立学校规划的"绩效文化"的核心。芝加哥公立学校专门设立了绩效管理办公室，以破除妨碍学习的阻力为己任。这样一来，每个学生都能学会必需的知识，学习的责任也直接落到了每个教师头上。通过一系列考试，教师要学会如何诊断学生的学习障碍，并且，芝加哥公立学校绩效管理网站提出，教师将能够克服学习的"核心"障碍。不幸的是，这些核心障碍的范畴并不包括那些让学习失去意义、失去人性、失去动力的因素，而实际上，正是这些因素导致学习死气沉沉、学生厌倦反感。

在这场辩论中，有两种全然相对的教育价值观在交锋。支持者认为，标准化考试就是为了某些经得住考验的、能够进行数字量化的知识而生的。但是在反对者看来，说这些考试客观公正，实在是个错觉，因为它掩盖了考试内容的主观性：谁在出考试题？他们都坚持什么样的价值观、有什么先入为主的理念？从属于哪些阶级？占据什么样的文化地位？使用哪些正误判断和价值的参照系？他们想要考什么，不考什么？

有一个明显的例子可以说明自称客观的标准化测试材料实际上有多么

主观：历史和阅读的考试科目中，题目无一例外的是从某个优势群体的视角出发的（通常是占尽政治、军事和经济优势的那些人的视角）。这些阅读材料的参照系不言而喻，例如，殖民征服的历史是由征服者所写，而不是被征服者；肥皂生产的历史会讲到广告和销售，而只字不提生产肥皂的工人，也不会提到用来促进肥皂销售的种族性话语。[40]霍华德·津恩（Howard Zinn）所著的《美国人民的历史》常被人引用来为强权历史开脱，但是更常见的，是前面所述的这些例子，让我们有理由相信，测试题中包含偏见，除非改造考试，使其"减少偏见""增加客观性"，否则这样的偏见无法得到克服。但是这样的理念也仍然难以自圆其说，因为"减少偏见"这一说法的前提是不偏不倚的客观，要去掉主观的价值观、一厢情愿的臆断和理想化方能得以实现。问题的关键在于，有一点是我们无法改变的：意识形态的假设和限制思维的价值观自始至终贯穿在学校教育的内容里。好的教育不会否认这些臆断和限制思维的价值观存在，而是让教育对象看清它们，让学生形成阐释、分析和批判的能力。这类阐释的技巧不仅让学生更好、更加批判地学会社会珍视的知识传统，而且能够分析、理解他们在自己身边和生活中的亲身经历，在学校课本、大众媒体和流行文化中所见所闻的一切，乃至于能够自己生成创造性的、别人难以想象的新知识。这样的知识不仅是解决技术问题的基础，更是解决社会问题的锁钥。从根本上说，对于分析和解决美国及全球的贫穷、不公、财富和政治权力极度不均等公共问题，这些知识是至关重要的。将学习视做争夺价值观和意义的斗争并非陷入主观主义的泥淖，恰好相反，这样的态度更为科学。美国最伟大的哲学家之一约翰·杜威（John Dewey）认为：不争论，无真理，真理就像在科学研究中一样，是可修订、可证伪的。事实上，"增值评价"所做的，是给教条主义刷上一层科学主义的亮光漆：考试会给出白纸黑字的分数，还有谁会去质疑数字呢？

有些人可能说，历史和阅读的篇目难免主观，实打实的科学和数学课程总不至于这样吧。但是，包括埃里克·古特斯坦（Eric Gutstein）、罗伯特·摩西（Robert Moses）、比尔·泰特（Bill Tate）等在内，许多持批判观念的数学教育家都指出，学生学习数学和科学的方式都富有政治色彩。

数学课里包含政治。认识到这一点,事关学生的学习动机高低,以及一堂课是意义丰富、引人入胜,还是枯燥乏味、难以忍受。古特斯坦在芝加哥一所拉丁裔中学教小数和分数,课程中有类似"司机是个棕色皮肤的人/司机是个黑人"这样的内容——涉及他的许多学生在城市里经历的种族问题。他要求学生将数学工具和生活经历结合起来思考,帮助他们更好地理解种族不平等这一严峻问题。数学不仅仅是一门有价值的学科,而且也让学生直面社会不公。这样的一门课,跟教学生计算弹药耗费超过"二战"、越战之后,老挝还有多少国土下面埋有美军地雷的内容一样,都有类似的价值观和初衷:因为这些地雷还在每天炸死、炸伤老挝平民,阻碍农业和工业的发展;有的数学课还让学生计算知道这一点的美国人的百分比及其原因。另一种有意义的数学课程让学生计算某年内地球上被灭绝的物种数量。企业化教育改革的前提是"全球经济竞争",在这种前提下,教育没道理去操心迫在眉睫的生态体系崩溃。但是,英国石油公司,这个全球最大的石油污染制造者,却清楚了解了教育可以跟政治有多大的关系:七年之间,该公司参与了为加州制定新的环境教育标准和环保课程,2011年,这些标准和课程出炉,供1000多个学区内从幼儿园到中学的所有学生使用。[41]

毫不夸张地说,涉及核心公共价值观的教育所决定的,是我们地球的未来。教育改革应该分秒必争地让基本价值观符合全球公民身份、全人类福祉和可持续生态环境。但实际上恰好相反,教学方法和增值评价带来了严重的禁锢,能够决定教学内容选择和教学方式的相关的价值观念、关于未来的意见纷呈的观点,都跟学校教育完全脱节。换言之,公立学校应该是公开讨论公共事务的地方,以使学生能够明白,作为一个负责任的公民,都应该具备哪些素养。这些人鼓吹增值评价和其他反智改革究竟有何所图?一个被人挂在嘴边、反复重申的答案是,他们想要打造在世界经济中有竞争优势的劳动力。但这个说法本身就站不住脚,因为在全球经济中,资本通过不遗余力地狂热竞争不断接近底端,用廉价、无福利、无工会组织的劳动力去制造廉价的不耐用消费品。如此来说,美国的孩子应该拼命学习、为标准化测试而死记硬背的目的是什么?是在将来跟工厂里那些收入微薄的工人抗衡？还是要跟那些信息专业硕士毕业之后，在印度迈索尔到班加洛之间开出租，生意惨淡、百无聊赖的摩的司机拼抢？就在这本书写作的同时，美国失业率大概在10%左右（青年人和非裔、拉丁裔美国人更高），85%的大学毕业生回到家乡跟父母一起生活。增值评价体系就意味着，尽管失业风险高、工作不稳定，尽管共和党和民主党都异口同声地要缩减社会保障体系以维持企业的巨大经济利益、维持巨富们受惠于劳动力短缺所获的税收利益，孩子们仍然必须通过死记硬背来给自己的就业增加一点胜算。

企业化接管公立学校语境下的增值评价

增值评价受到推崇，与其同行的是一系列的企业化教育改革，包括特许学校和彼此之间关联的私立营利性学校经理人的范围扩张、企业式学校教师更替、奖学金税收抵免（或称"新学券"）、标准化课程、教师教育私有化、教育领袖项目，以及对教师工会的直接交锋。为其煽风点火的，是由大企业以及盖茨、布罗德和沃尔顿基金会等投资慈善家们支持的智囊团。民主党和共和党对这些改革都持欢迎态度。二十年以来，选择和竞争、教育消费、企业问责制等商业化的说辞层出不穷，公立教育被涂抹成了私有的消费品。企业化的这些改革无从解决不公正的公立教育问题，他们不去触动精英公立教育，而将有史以来从没受过公正对待的劳动者和有色人种底层公立教育进行了商品化和私有化。

企业化改革对美国教育的种族隔离状态听之任之，对结构性偏颇的拨款不公也不置一词（芝加哥的教育经费是8000美元每生，几乎是北方郊区的四倍），在所有工业化国家里，美国的这种现象可算是独一无二[42]。这些改革也并没有做到改善学校的学习风气，相反，给更彻底的私有化公立教育系统底层做了铺垫。在这些公立教育体系中，来自公众的税收被私立营利性教育企业攫取，这些企业（前面说过，现在的研究已经确凿无疑地说明了）管理的结果，只比公立教育体系差，不比它好。为劳动者、贫民和有色人种设置的公立学校通常只是起到了篱笆的作用，助长了经济上和政治上的社会分隔，却没有改善这些问题。这些学校让年轻人难以接近工作机会。有人说，公立学校已经难以为继，是时候给市场一个机会来挽救教育了。但是，我们必须承认，造成当今公立教育如此恶果的，其实正是一整个世纪以来，商业（从美国制造业联盟到商业圆桌、再到芝加哥商业俱乐部这样的地方商业集团）主导的教育改革和通过财产税把公立学校投资跟个人财富绑在一起的改革。最近的企业化教育改革，包括特许学校、教育券、承包制度和增值评价等，丝毫无助于扭转美国有史以来始终在掣肘公立教育的严重问题，反而将最无力反抗的孩子们变成了考试机构和课本出版业、学校管理企业、特许学校经营者和信息科技数据操纵者等人手中动辄数百万美元的商机。

企业化教育改革的倡导者将考试成绩与教师评估挂钩，视教师工会为眼中钉，必欲除之而后快。他们指责教师工会是改革的拦路虎，声称数据会有力地说明一切。罗伊斯·维纳告诉我们，企业化教育改革试图让教师为统一步调、一成不变的课程内容担任搬运工，低薪教师工会确实是阻碍了企业化教育改革的进程。经营学校利润最大化的关键前提是降低教师的工作环境质量和待遇水准，要将公共税收从教师手里夺走，转移到教育投资者手中，这是至关重要的。不管是出于为自身利益的考虑还是为孩子们的利益考虑，教师工会和公众都应当在对于增值评价政策的斗争中寸土不让，因为孩子们的发展得益于收入合理、素质过硬、工作稳定的教师队伍。拒绝站在公众对立面的企业化教育改革，社会也将同样是受益者。

企业化对教师教育的掣肘

与推进增值评价的过程始终如影随形的，是将教师教育专业私有化甚至消解，以拒绝批评、反智的方式对其进行重塑。其目的是将高等教育中的教师教育课程砍掉，以方便降低劳动力成本，增加从公立教育中攫取的利润。这种做法表明，公立教育经费在向上层的有决策权、有专业背景的人集中，公立学校教学，以及吉鲁所说的广义上的公共教育的目的和智能正在受到思想意识上的篡改，这种思想意识上的重新定位与培养有批判性的公民这一宗旨背道而驰,让社会成员从此要么成为消费者,要么成为被权贵玩于股掌之上的草民。[43] 教育在许多人眼中唯余经济价值,对作为公共教育一部分的教师和教师教育的掣肘就印证了这种令人悲哀的误解。[44]

新自由主义对基础教育的改造不仅与教师教育的私有化改造密不可分,而且剔除了其中能够带给人思想解放的因素。这个所谓的"市场"对于教育的理解是,知识是一种工作,而非一个事业,培养的教师只是工资低廉的劳动者,而不是有能力服务公众的富有职业素养、思辨能力的学者。[45] 不遗余力要将教师教育私有化的那些人,也正是那些力图通过私有化尝试降低教师工资、压缩教师决策能力、允许为利润而剥削教师劳动的右翼人士。林林总总的"改革"现象包括营利性教育管理企业、特许学校、教育券、奖学金课税减免、新教育券、裁减教师编制、增加网络课堂、猛烈冲击教师工会、强调标准化测试和标准化课程、以学生成绩而非教师工龄来决定教师工资、限制集体谈判等。这些做法削减了公立教育的公共支出,而将财务压力转嫁给了个人。财力雄厚的地方选择更多。他们减少开支的方式可以是减少教师工资或者增加"大考"问责制的形式,逼迫教师让学生取得更好的测试成绩、增加更多工作时间。如此一来,教师被淘汰、厌倦教学的概率更大,有经验的教师留任的可能更小[46],教学内容越发倾向实证主义、反智、反批判。

大部分美国教师是从由国家颁发证书的大学教育专业接受职前教育并获得资格证书。削弱大学里的教师教育,目的是把教师职前教育的管理权从公立、非营利的学术和研究中心抢走,移交给营利性的、以职业概念和狭隘的服务概念来定义教育的市场。从教师教育里大赚特赚的那些人的想法和那些对基础教育摩拳擦掌的新自由主义者如出一辙。第一步,炮制一个谬论,说教师教育不是公共商品,而是一种私人服务,应当借助商业的词汇进行理解,例如垄断、选择、竞争、垮掉,等等;第二步是宣布教师教育已经"垮掉"了。为实现这一点,那些新自由主义的大咖们,如切斯特·费恩(Chester Finn)、弗里德里克·海思(Frederick Hess)、艾瑞克·韩努谢克(Erik Hanushek)、保罗·T. 希尔、布鲁诺·马诺(Bruno Mano)、约瑟夫·维特里蒂(Joseph Viteritti)、米歇尔·瑞(Michelle

Rhee)、迈克尔·巴伯（Michael Barber）、E. D. 赫施（E. D. Hirsh），一直在宣扬公立教育的私有化甚至终结，在大众媒体上呼吁、在政坛宣传、在政府里结交高官以对教师教育的价值进行颠覆。他们花样迭出，例如推出不包含理论部分的教师资格认证、削弱各州政府教育部门的职能、通过智囊团和投资慈善家们来推进私有化等等。这些动作催生出了一些对教师进行"再评价"的机构，例如，最臭名昭著、影响最为深远的美国教师素质委员会（National Council Teacher Quality），其顾问团里就有数名新自由主义政策的掌门人。

教师素质委员会对教师教育课程指手画脚，他们评价教师教育的教学大纲、将数据的匮乏说成是教学质量不佳的表现，这些说法都经不起推敲。《美国新闻与世界报道》（U.S. News and World Report）在教师教育专业领域排名的影响力相当广泛。尽管美国教师素质委员会评估教师教育专业的方式与《美国新闻与世界报道》的其他问题的评估方式格格不入，该刊物还是在使用这个委员会对教师教育专业的排名。美国教师素质委员会的评估方式跟黑社会有得一拼，它警告不想参加的一些学校说，如果不按要求提供评估用的材料，就会给这些学校很低的等级。[47]许多学者和职业协会，例如美国教师教育学院协会（American Association of Colleges of Teacher Education）以及许多大学系主任都曾经对美国教师素质委员会所说的"输入导向"（input-oriented）的资料收集方式提出犀利的批评。美国教师素质委员会自称评价是为教师教育市场里选择服务的"消费者"提供消费的信息，但是他们的所作所为其实是宣称这个专业已经垮掉，需要来自私有领域、市场主导的竞争来拯救。[48]

把教师教育控制和管理从大学和各州转移到私有领域，必然将限制教师教育课程的内容。一个有类似性质的例子就是媒体企业。营利性媒体企业是断然不会提供批判性的内容来挑战自己企业的机构利益的，企业新闻撰写的报道或设置的讨论中，不会有任何影响自身经济利益的内容，因此他们从不会涉足媒体管理法规，也不会报道与某些人偏狭的思想立场有冲突的政治和经济观点。[49]只有脱离了经济束缚的公共、独立机构才有可能允许更为开阔的思想交锋和自我批评、社会批评。对教师教育来讲，这一点很重要，因为私有化的教师教育课程服务于机构利益，而鼓励未来教师理解政治、道德、历史的权利争斗的教育方式正好与之针锋相对。正是这样的教育方式才能织成社会的经纬，传递知识、设计知识，帮助未来教师将幼儿园、中小学教育的实践提升到理论层面。吉鲁曾经说过，教师应该能够对教育对象起到转换作用，要让教师成为这样的知识分子，需要关注社会问题、政治问题和理论问题的教师教育。[50]而新自由主义观念所冲击的，却正是这些批判性的教师教育内容。

现在，新型的教师资格证课程在城市地区的"城市学院"[51]到处推广，这些学院基本是由投资慈善家出资赞助的[52]，上述问题在其中尤为明显。投资慈善家们力推的教师教育模式以所谓的实际知识为主——据称是毫无偏见的学科知识。这里最关键的问题是取消理论课程，将知识看作是没有立场的"商品"。新自由主义强调可以数字量化的学习，新保守主义倾向于放之四海而皆准、政治上不偏不倚、全国性、文化上保守的课程〔主要倡导者包括 E. D. 赫施、戴安・拉维奇（Diane Ravitch）和威廉・贝内特（William Bennett）〕，二者在这个问题上可算是殊途同归。[53]

反批判的基础教育教学改变了学生群体和高等教育

接受过教师教育的学生将来会成为基础教育的教师，他们的学生最终将走进大学。新自由主义的教师教育对这些未来教师灌输的是反批判的价值观、理念和性格，完全与批评传统背道而驰。新自由主义的视角无视知识和塑造知识的社会环境之间的关联，无视社会力量对个人的塑造力以及这样的过程对于阐释行为的影响，教育和学习的道德和政治意义因此化为乌有。也许最重要的反批判倾向之一是对未来教师与知识之间的关系的定位。基于测试、可量化、与任何语境都毫无关联的那部分知识被提升到了所有知识类型的最顶端。标准化选拔考试在考试分数和未来的谋生能力之间划了一个简单粗暴的等号。新自由主义话语中的"专业人员"所指的，是不管教学对于标准化测试意味着什么都提分有术的能手，而不是为了增加对学科的理解、为了将所学知识理论化、为了深入透彻地理解教师课堂行为而去继续深造的那些人。并且后一种观点正日渐流行起来。[54]

受到反批判教育的教师培养出来的学生进入高等教育之后，对各个领域中高层次学者所关注的问题一无所知。实际上，高等教育应该成为基础教育学习方式的范本。高等教育领域的学者是如何治学的？没有人去给他们出标准化试题，这些学者在学术圈活动，与其他同领域的学者通过口头、书面和评论的方式进行交流。教师教育和高等教育本该使基础教育在内涵上得到拓宽，以此实现更好的发展，而现实中，本来是强加给基础教育的、以考试为导向的"问责"制度正对二者形成越来越多的掣肘。力主降低教师工作待遇的那些人同时还主张，教师应该在学生考试成绩方面有更好表现。这真是匪夷所思。首先，这些测试在很大程度上衡量的是学生所拥有的文化资本，印证他们的阶级地位，让阶级地位高的学生游刃有余，而阶级地位低的学生举步维艰。其次，从事教育行业的人选从何而来，很大程度上受制于职业待遇。教师们原有的工资水准，终身制的工作岗位以及资深、高学历应得的相关待遇都受到冲击，岗位朝不保夕、对教师动辄惩罚和颐指气使的风气、让教师受制于测试成绩决定的"问责制"等诸多问题导致教师的学术自主权受到严重损伤，工资降低导致工作环境恶化、教师更替频繁、新教师工作应接不暇。这些做法不仅让教育从一种职业沦落为一份计件工作，而且致使工作岗位上的诸多教师经验不足。

高等教育和基础教育日益就范于教育首先应该服务于经济的要求。由于"博洛尼亚进程"和右翼英国政府的推动，人文学科、社会科学和艺术受到贬低，有人号召只给理工科教育进行资助，这种现象跟美国STEM学科（science，technology，engineering，mathematics，即科学、技术、工程和数学）独占春色的资助和创立以工作为主题的特许学校和公立学校如出一辙。据美国国家科学研究委员会（U.S. National Research Council）和美国国家科学基金会（National Science Foundation）称，STEM学科成绩高是科技发达的象征，要维持社会的高科技水平，需要这些科目的长足发展。轻人文、轻社科、重科学的这种倾向无法解释为什么资本主义发展模式正在导向生态的崩溃、不平等和暴力与日俱增、人类需求和生态需求都无法满足的局面。人为导致的危机，例如全球变暖，以及由此产生的可以预见的社会问题，不能指望有了新科技的发展就会迎刃而解。这些问题不是科技问题，归根结底是人类问题，其根源是人类的价值观和追求、生活方式和所作所为出了问题。举例来说，如果经济始终以总量无限增长和个人商品累积为核心，只会让人类和生态环境变本加厉地走向毁灭，导致加速使用化石燃料、全球变暖、垃圾遍地。[55] 如果教育将能够解决社会问题的传统拒之门外，只会让社会发展受到戕害。

斯拉沃热·齐泽克（Slovoj Zizek）提出，回答问题的同时重新提出问题，是批判性思维的关键任务，借此匡扶时弊，对社会来讲善莫大焉。[56] 资助统统流向"有用的"学科，而人文、社会学科则难见一滴甘霖，这些肩负公共使命、对重新评价社会价值观意义重大的科目所受的排挤可见一斑。

美国教师素质委员会对教师教育私有化的推动、右翼智囊的推波助澜、奥巴马任期内教育部的政策等元素共同导致教师教育课程重教学实践、轻教育理论。教育界早有认为事实胜于雄辩、不经历"摸爬滚打"就不能掌握教育方法的传统。[57] 而批判式教育学则认为，事实从来都不能胜于雄辩，而是需要合理的阐发；阐发就需要理论，只有理论才能帮助人让需要阐发的内容意义鲜明。

教师教育有关社会和文化的基础课程中，部分内容能够帮助学生掌握理论工具，将课堂所学的知识联系社会环境，然后上升到理论层面。新自由主义攻击教师教育，目的就是清除这些部分。这种教材改革的具体做法是增加未来教师的课堂学习时间，从私有化改造后的课程中削减社会和文化的基础学习内容。芝加哥美国教育学院（American College of Education）这个私有化营利性教师教育企业就是一例。来自航行者扩展学习公司（Voyager Expanded Learning Inc.）的教育投资商兰迪·贝斯特（Randy Best）为创建美国教育学院，买下了德堡（DePaul）大学郊区的巴拉特学区，目的是获得高等教育委员会（Higher Learning Commission）的认证。而实际上，他所获得的认证是用于创设完全意义上的网络课程和专业的，跟德堡大学教育学院根本扯不上边，跟巴拉特学区曾经作为教师教育学校存在的历史也没有任何关系。阿恩·邓肯担任美国教育部长期间，该机构与芝加哥公立学校达成了协议,将网络授课与完全诊断性的一对一"辅导"进行融合。教材研究、辅导和教育领导硕士专业里,传统的大学课程不见踪影,社会和文化基础课程也被清理得一干二净。高等教育委员会网站显示,美国教育学院已招生3183人,最近一年毕业硕士人数为776人。取消传统基础课程、雇佣兼职教师进行网络授课、无须租用大学教室,这些都减少了工作量,给美国教育学院的经营者带来了更大利润。作为一个营利性机构,这个学院可以从教育过程中直接获取利润,而无须被迫将盈余进行再投资。

在担任美国教育部部长期间,阿恩·邓肯反复呼吁增加教师资格证的持有人数——即使这么做无法证实效率如何也在所不惜。他还多次批评教师教育,要求教育减少理论内容、增加实践内容。打压理论、推崇实践的这几股潮流说明,实证主义(将事实和事实背后的价值观强行分开对待的激进实证主义)再次大行其道,而将教育视作谋生手段,因此对实践技能大加吹捧的思路恰好与此合流。

这些反智的改革,包括增值评价、对教师教育的攻击、对教师工会的破坏,都指向一个目标:禁止思考。事实上,那些肩负知识分子使命,以天下为己任,引领对话、辩论和批判思维的人正是学校围墙之外公共民主生活得以维持的中坚力量,而上述的那些反智改革都在对他们进行掣肘。人类正在面对诸多公共问题——从核决战到生态环境崩溃,再到科技灾难。对于绝大多数人来说,世界已经走到了万丈深渊的边缘。公立学校是尚未被商业文化所操纵的最后一个领域之一,应该成为希望诞生之地,让代表未来希望的年轻人获得助推和成长。他们只有具备深刻的创造性思维,才能理解和无情地批判现实世界,想象一个自由、平等、繁荣、和平,而且能让所有人得以生存的未来。

推动特许学校、教育券、增值评价、城市"投资组合学区"、教育商业化等诸如此类的企业化教育改革的,是一些荒诞不经的理论,这些理论需要我们清楚地予以定位和反思。首先是公立教育已经"破产"(这是信手拈来的市场经济辞令),还有"现在是时候给市场一个机会"。实事求是地说,公立教育中存在的令人发指的不公正现象,究其原因,正是将房地产市场状况与学校资助挂钩的结果,加上长期以来诸多商业机构根深蒂固地左右了择校制度的失败——从商业圆桌会议到全国制造商联盟，从投资慈善家到直接商业合作。追根溯源，如今公立学校遭遇这样的困顿状况，在很大程度上正是历史久远的市场干预教育的恶果。[58]

另一个荒诞不经的说法是，当吹捧私有化的人（例如比尔·盖茨等一众企业首席执行官和支持私有化的智囊团专家）宣称公立教育已经无药可救时，他们说的并非所有公立学校都已经病入膏肓。实际上，他们这种带有种族意味的言辞抨击的对象是从未享受过平等教育资源的劳动阶层和穷人。发布这些抨击言论的，绝大部分为白人，他们从不平等的教育资源分配中占得先机，现在又在通过私有化进程把劳动阶级和有色贫困人口、学校和公众转变成自己捞金的对象。教育企业家们为什么不对大城市的富有白人郊区下手？原因是，这些学校和公众在多年来对公共空间和公共资源的斗争中赢得了自己的权益，他们绝不愿意让类似爱迪生教育、"知识就是力量"项目（Knowledge is Power Program）等机构企业家、经理人、律师、投资人把自己的公共资金搜刮一空。这是一个许多人尚未察觉的事实。

私有化倡导者们推崇的教育方式希望把目前的双层公立教育转变成另一种类型的双层公立教育。目前的双层教育体系中，白人社区的精英公立学校培养未来的商界和政界翘楚，而资金短缺的公立学校培养的，则是在经济底层挣扎或被淘汰、逆来顺受、俯首帖耳的工人。新自由主义和自由主义总是拿危机和破产作为说辞，但是他们的所作所为并没有出乎我们的意料：他们制造了三六九等的劳动力，并且把不平等现象说成是源自于个人的品行或者天赋［保罗·弗雷勒（Paul Freire）、布迪厄（Bourdieu）、欧曼（Ollman）等人都指出过这个问题］。新自由主义私有化改革维持了这个双层体系，并未触及那些精英公立学校，但是把贫困地区和有色人种的学校转化成了自己的短期盈利的法宝，其方法是多种多样的：不仅有教学外包、测试和辅导机构，还有营利性经营和通过私有化产生的辅助性利润——包括通过广告和公关，将特许学校卖给"买主"所获得的大笔公共资金，以及创建特许学校产生的丰厚的房地产交易费用。将来，这个双层教育体系的低端部分给社会提供的产品如果不是拿着低廉的工资在工厂出力流汗，就是被扔进了营利性监狱或者部队。

私有化改革着眼的是这个双层体系的低端,通过掠取公共资金实现自己的短期利润。从中受益的,大多数是统治阶级和职业人士,而丝毫无助于让公立教育的双层体制通体具备它的高端部分的质量。私有化投资者的收益是双重的:短期之内,可以掠夺公共税收;长期以后,可以剥削低价劳动力。如此一箭双雕的好方案,让投资者们自信满满,认为自己是给了贫困学生"毫不逊色的机会",让他们为自己谋福利。当然,阶层间的流动性越来越小、失业率上升、经济不平等这些压力都沉甸甸地压在了学生的身上,用托马斯·弗莱德曼(Thomas Friedman)的话来说,这些学生需要更具备放手一搏的精神才能抢到饭碗、保住饭碗。[59] 学校教育改革的思路是将资本主义经济的暴力转嫁给了最孱弱、最无助的社会群体——学生。在我写作这本书的时候,美国仍然有五分之一的儿童需要靠食品券才能活下去,儿童无家可归的比例还在蹿升,财富不均的比例比镀金时代还要高。[60] 关键的问题不是模仿 2008 年经济危机时的出资救市,复制一个更加有利可图的双层体制,通过富人的公立学校保持公立、穷人的公立学校私有化来劫贫济富,而是终结现在的双层教育体制。

第一件要做的事,是仿效其他工业化国家,将教育拨款体系收归联邦政府管理。第二件事是拨款给贫穷学生、雪中送炭,而非给最好的学校锦上添花,以此缓解贫困造成的额外问题(反对这个观点的人应当知道,2011 年,每个在阿富汗的士兵就要耗费纳税人 120 万美元[61])。第三件事是重新重视教育,把教育视作以学术为基础的、能够变革社会的事业,而非某种技能。第四件事是改换标准选拔考试的教学法和评价体系,代之以大学所使用的评估学习过程的模式,并使教育工作成为真正的学术职业(而不是仅仅像新自由主义者所认为的谋生手段,不是他们和企业化改革家所希望的类似企业劳动关系的工作)。第五件事,是承认校内文化和校外文化须臾不可分割。教育的公众目标是拓展民主的社会关系,从公共和民主的角度思考公立学校教育,就不能割裂这两者之间的联结。如此,系统的学校改革必须严肃认真地考虑教育应如何参与主体塑造,以及教育应当如何周旋于整个社会中权力和统治之间的关系。

第二章 以城市投资组合学区为例：
教育企业化政策实施效果令人失望

引言：企业化教育改革实施效果的失败

本章将分析的内容是，近年来的企业化教育改革在无法证明成功、问题层出不穷的情况下，是如何肇始并且得到推行的。尽管本章仅仅论述城市投资组合学区，但是推而广之，对于许多其他领域的企业化教育改革，这里的观点也仍然适合。城市投资组合学区改革由许多其他企业化改革组成。本章将说明，政策专家们做出了许多举措，包括特许学校、管理外包、教师淘汰、以选拔性考试成绩关闭学校等，但是拿不出任何对举措有效性的证明，就连他们自己所声称的标准，例如提高考试成绩和降低办学成本，也都无从查考。前一章是从理念和物质利益的角度对此现象进行了比较综合的解释，而这一章将详细讲述这些改革家们的说法是如何的苍白无力，并将分析改革为何能在缺少社会科学研究支撑依据的状况下，依然我行我素。本章曾经作为美国国家教育政策中心的政策简报出版。

过去五六年中，几个大城市的学区，包括纽约、芝加哥、华盛顿特区和卡特里娜飓风袭击后的新奥尔良都开始实施一种新的城市学校去中心化制度，名为"投资组合学区"。其他地方的一些学区，例如丹佛和克利夫兰，也紧随其后。这种投资组合和政策在教育决策界、智囊团和慈善界以及教育新闻报告的论述中风头日盛。时任美国教育部长的阿恩·邓肯力推这个政策，在2010复兴计划中，出任芝加哥公立学校的"首席执行官"，

第二章　以城市投资组合学区为例：教育企业化政策实施效果令人失望 | 35

并在"力争上游"项目和对"不让一个孩子掉队"项目的修订意见中推行这个政策。投资组合学区的支撑前提是，只要贩卖教育的机构能在创新的基础上彼此竞争、有一名校监掌控全局，学生就有更多机会获得学业的成功。然而，这些前提和建议（例如，将某个学区的所有学校转变为特许学校）是否可靠，本章将对已有的论据进行探讨。

许多城市学区已经接受或者正在考虑接受投资组合学区模式，国家政策也对此十分支持。然而，目前为止，还没有获得发表的研究投资组合学区方式的可靠的学术成果[1]。唯一的研究是以投资组合学区的各组成环节为对象的，包括（1）离心化，（2）发展特许学校，（3）重组/关闭"倒闭"学校，（4）基于考试成绩的问责制。[2] 下文将会详细阐述，在学生成绩和教育成本方面，现有的关于不同组成环节的同行分析并未显示正面的效果，有些甚至还显示出了负面的效果。

有些读者可能很惊讶，既然有那么多研究政策的学术资料，尤其是智囊团的学术研究成果，为什么目前会缺少对投资组合学区和组成环节的研究？问题是，已经出版的提倡投资组合模式及其组成环节的政策文献通常只是言之凿凿，而从不提供可靠的依据来自圆其说。举例来说，目前有六篇来自学术研究数据库（Academic Search Premier）的文章支持该政策，但是其中无一包含或者提到由众多政策研究者审核认同的细致的实证研究。[3] 这些为投资组合模式及其组成元素帮腔的文章大多数来自政策智囊团，或者与其关系密切，而这些智囊团都与政界有着千丝万缕的联系。唯有独立学者才能获得准确的信息，而不是从预先设定的政策日程当中挪用现成的资料，但是时至今日，仍然没有一篇研究文章是由独立学者所创作。[4] 在宣传造势方面，"重塑公立教育中心"（the Center on Reinventing Public Education）似乎已经为提倡投资组合学区模式的落实"做足了充分的市场准备"。这个中心标榜自己从事的是独立研究，但它提倡的是一系列市场导向的教育改革措施（绩效制度、特许学校、自主择校等），其中最抢眼的，是将公立教育看成私有化消费品的那些人，例如保罗·希尔（Paul Hill）、简·汉那威（Jane Hannaway）、埃里克·韩努谢克（Eric Hanushek），而且这个中心里有些研究者还同时在以市场为导向的智囊团城市研究院（the Urban Institute）里任职。[5]

如果我们问，为什么投资组合学区模式在没有事实依据的前提下仍然能畅行无阻，答案或许有这么三条：(1) 倡议性的文章被拿来充作依据；(2) 组成环节累加起来，权作为用于说服的模式，因为各环节貌似有可信的依据作为支撑；(3) 有些倡议者甚至认为无须任何依据，因为公立教育体系已经难以支撑，必须给激进实验一次机会，让它大显神通。在接下来的一章里，我将会分析这三种解释之外的第四种——全新的私有市场官僚机制——我将其命名为"新市场官僚主义"，这种机制打着给公立教育"去官僚化"的幌子，把公立教育领域描述得沉疴缠身、无药可救，要通过剧烈变革，将管理权从公立转移到私立体系。与这个官僚体制中控制权力的转移携手并进的，是学校里管理氛围、课程和教学法方面主导权的转移。

早期离心化的形式：管理层和公众的控制权

投资组合学区模式与 20 世纪 80 年代的学区"离心化"截然不同，明白这一点是非常重要的。P. 沃斯泰特（P. Wohlstetter）和 K. 麦克科迪（K. McCurdy）在 1991 年《城市教育》这份期刊中，对早期的离心化做了如下描述："（离心化）形式多种多样——重组、以学校为基础实施管理、共同决策，等等——学校离心化将决策权从核心领导层转移到了较小的决策范围，即每个学校。离心化之后的学校改变了教育权力结构，让学校管理人员或者公众团体，或者是两者兼而有之，对预算、人事和课程做出决定。"[6]

在 90 年代早期，学校离心化通常采取以下两种形式中的一种。一是管理离心化，决策权从一个地区的核心领导层分散到了区域中较小的机构。如此，决策力向下转移，而责任仍然保留在顶层，由核心领导层和教育委员会承担。一个典型的例子就是 1987—1988 年间在迈阿密实施的学校管理／共同决策制度。共同决策制度"允许一所学校的教师和校长为学校建立他们自己的全盘管理体系，将来自上级管理者的制约降到最低程度。"[7]

另一种离心化的形式是公众控制，将决策权和后续责任同时都交给了当地社区，包括居民和其他非教育界专业人士。1988 年芝加哥就有一例，时任教育部长威廉·贝内特（William Bennett）将芝加哥认定为全国最差城市学区，以至该地商界和家长史无前例地抱团，向州立法委员会游说要求深刻改革教育。可见社区控制的离心化形式结果有好有坏，参差不齐。[8]

不管是以管理层控制还是社区控制形式实施的离心化，教师、当地教育管理人员和教师工会都有不同程度的决策权，社区控制的方式更是在管理团体中增加了来自公众的代表。但是，在投资组合模式中，管理层控制的方式则大相径庭。

新的离心化形式：投资组合学区

跟管理层离心化一样，投资组合学区将决策权转移到了本地教育机构，而核心管理层仍然为教育结果承担责任。但是有一个重要的区别，即投资组合学区措施将控制权向下移交了——不是给了学校或者由当地领导层、教师、民众和工会合力管理的多家学校，而是移交给了私人教育承包商，其中包括营利性和非营利性的特许学校管理人、教育管理组织和特许学校管理组织。[9]

管理层和公众管理的离心化在20世纪80年代达到巅峰，采用离心化制度的达到14个州。90年代早期到中期，这样的做法渐渐失去对教育界的吸引力，州政府开始在公众的推动下接管难以维持的学区，或者把这些学区置于市长的直接控制之下。[10]投资组合学区模式一方面强调学区内控制权的高度集中（由教育局长、市长和州立机构掌管），另一方面将业务向下承包，获得承包机会的是被认为在相对自治（减少民众问责）的情况下表现优异的教育机构。四个实施了投资组合学区制度的大型城市学区主要管理人向控制学区的市长汇报，或者像新奥尔良州一样，向从该市接管了这个学区的州政府汇报。这种自上而下的管理控制的保留比旧的离心化形式要广泛得多，而且这种自上而下的管理权是分包到了不同的参与者，即承包商手中。[11]

这种管理模式是仿效股票投资产生的。学区教育负责人被视作股票投资商，他有一个投资组合（就是各个学校），教育负责人创造了一个承包商的组合，他会留住能够"有利可图"的投资（以学生成绩来衡量），或者也会终结合同，或卖掉那些"无利可图"的投资。这个途径融合了四种激进的企业化重组理念[12]：（1）离心化；（2）发展特许学校；（3）关闭学校，代之以特许学校；（4）问责制，基本通过考试成绩来决定。[13]投资组合学区被当作一个不断改善的闭合领域，依照考试成绩来评价学校的高低：如果成绩低迷，学校就有可能关闭（或者教师被集体开除），或者改头换面成为特许学校；如果这些特许学校还是没有起色，就会再次被关闭，移交给另外的承包商。投资组合学区制度实行的，是教育政策研究中越来越多人在讨论的，以市场表现为基准的"创造性破坏"或者"大整顿"。[14]

这种视角认为公立学校如同私人企业，成功的秘诀就是竞争。学校如果不能带来比竞争对手高的考试成绩，像那些利润低的企业一样，就必须"被允许""退出市场"。虽然有很多人在提醒，企业管理和教育管理之间不能相提并论，但是这种说法还是一直存在于教育领域。公立学校的存在目的应该是为公共利益服务，而这种观点认为，公立学校跟商业机构有相同的使命，就是创造利润。它认为市场是充满竞争的，而不应该一家独大，认为政府的规范总是有违市场需求。事实上，有些产业（例如娱乐业、国防、电子通讯、交通、农业等）是垄断的，有很高的进入壁垒，而私有领域可能要依靠公共领域、政府干预，或者是两者同时依靠，才能生存下去（例如政府给金融和汽车制造业补贴和规范，以防二者轰然倒塌）。此外，教育和产业不一样的地方在于，教育无法控制自己的"原材料"，也就是学生。这种不恰当的比喻也导致错误的教学方式和课程安排，知识被当作可以量化统计的东西，可以由私人进行传递。在这种看法看来，知识并非对话性的、建构形成的，也不具备批判性（我们对此在第一章和第四章均有提及）。尽管如此，错误的比喻还是盘踞在教育界，这种推理方式就造成了当今的投资组合模式。

既然投资组合措施已经如此普及，有必要弄明白支撑这个措施的是些什么依据，尤其是在政策讨论的两个引人注目的领域：学生成绩和办学成本。以下的分析基于学术研究数据库（Academic Search Premiere）的图书馆数据库资料，并结合了所有能够获得的二级数据库资料。[15]

依据与投资组合学区措施

对离心化的教育政策研究为数众多,然而,几乎所有这些研究都以离心化的早期形式为研究对象,即将控制权移交当地管理机构或者社区。对投资组合学区模式无法查到经同行评议的学术研究,也找不到相关的非同行评议实证研究。相反,目前的研究文章都在为这个措施提供建议和实施策略,为其辩护,并提醒它防范可能出现的始料未及的陷阱。

对早期学区离心化措施的研究确实存在,但是几乎无助于理解投资组合学区可能带来的结果,因为权力移交给承包商的情况跟早期权力移交给学校管理人员、机构和当地公众截然不同。能跟投资组合学区的评估相提并论的,应该是对公立学校外包给营利性或非营利性教育机构的私有化效果的分析。但是,这些研究无法解释投资组合学区的其他环节以及承包的影响。换句话说,投资组合学区措施融合了承包和其他几种重要的改革举措,包括发展特许学校、以特许学校取代倒闭的学校,以及基于测试成绩的问责制。这些做法种类繁多,与投资组合学区措施密切相关,因此,早期对于权力移交的研究无助于理解投资组合学区措施是否能如愿地提升学生成绩、降低办学成本。

从理论上来讲,割裂地分析投资组合学区措施的各个环节、然后推测这些环节如何合力是可能的,但是这种想法存在一个问题,就是每个环节都会干扰其他环节,因而分析孤立的单个环节就十分困难,几乎不可能。举例来说,特许学校政策曾经被作为独立现象研究,研究结果显示,特许学校的发展水平参差不齐,或者"对学生成绩有轻微的负面作用"。[16] 但是,当特许学校与多种其他措施同时实施时,基本不可能单独衡量特许学校的有效性。卡特里娜飓风过后,新奥尔良州设立的投资组合学区就是一个例子。[17]

新奥尔良的公立学校关停、特许学校网络应运而生之后,许多学生由于飓风而离开了原来的居住地。灾后恢复学区(Recovery School District)的特许学校获得大笔资金注入,许多资金是来自大型慈善组织,例如比尔·盖茨和梅琳达·盖茨基金会以及布罗德基金会。要以考试为标准,评估灾后恢复学区特许学校是否比它们所取代的传统学校有效，就要考虑诸多变量因素，包括灾后学生安置、灾后族群和阶级地缘变化，以及来自大慈善机构和政府的拨款。

要进行更为深入的阐释，就要考虑这个地区对公立学校资助的减少过程以及白人远离市中心居住这一现象，因为二者共同导致了卡特里娜飓风之前全国公立学校拨款最差的状况。比这还有更深刻意义的对教育质量的评估将促使我们思考一些难以量化的问题：如果学生需要知识、技能和性格以对周围由社会大环境所左右的事物做出反应，那么学校是如何培养学生的知识、技能和性格的？[18] 灾后恢复学区特许学校的成就受到强烈质疑，目前为止尚未得到研究界的同行评议认可。负责灾后恢复学区的保罗·瓦拉斯和州教育总监保罗·帕斯特莱克（Paul Pastorek）对恢复学区的学生成绩进步甚是赞赏，要求各校长签署理解备忘录，使学校接受考试成绩决定的问责制、淘汰制、特许学校改造或者其他重组方式，借此将灾后恢复学区的做法扩展到整个路易斯安那州。但是，奥尔良州教区学校管理委员会（Orleans Parish School Board）的托马斯·罗比舒（Thomas Robichaux）提出了反对意见，认为虽然恢复学区的学生分数得以提高，但是这点进步相对于奥尔良教区学校的学生成绩仍然相去甚远，而且恢复学区的每生资助几乎达到后者的两倍。[19]

投资组合学区模式单个环节之影响衡量起来非常困难，说明要分析这个策略是否奏效，最可靠、也比较可行的方法应该是进行整体评估。我们下面将会说明，即使是最热心推行投资组合模式的人也认为，遭受卡特里娜飓风袭击之后的新奥尔良州的状况说明，要衡量投资组合学区学生能力的提升仍然谈何容易。前面已经说过，在对投资组合模式进行整体研究的共识能够达成之前，总共有六篇相关文章得以发表[20]。然而，这些文章中没有一篇能够回答，提升成绩、降低成本的任务是否已经得以完成。虽是如此，也仍然没什么能阻挡支持者们发表报告和论文，一边信誓旦旦保证效果，一边又危言耸听震慑众人。大多数此类文章都以简短的笔触（最短一页，长不过三页）为投资组合模式敲锣打鼓，尽管他们提供不了任何过硬的依据。

其中有一篇文章比较惹眼，不过也同样不具备经研究界同行评议的任何实证性依据。这篇文章 2009 年 10 月由华盛顿大学的重塑公立教育中心发表，我们前面曾经提过，这个中心也是投资组合模式的倡导者之一。文章题为《适用于大城市的投资组合学区：中期报告》。报告鼓吹投资组合学区模式的发展和实施："简而言之，投资组合设想意义重大，但是要将其落实，需要大量时间、金钱和政治资本，需要经年累月地执行。如果一个地区仅仅是短期进行'尝鲜'的体验，或者顾此失彼地只落实其中一部分做法，就不可能从中受益。"[21] 但是这个报告告诉读者，"对投资组合模式能够在多大程度上提升学生成绩进行最终效益评估，现在为时尚早，但是（本文）可以表明此类评估为何能够得以进行（以及为何不能进行）"[22]，后来出现了这份中期报告 2011 年的续篇，内容是该措施的效果，但是中期报告提出，将来可能难以评价投资组合学区措施成功与否：

> 然而，如果有人问，实行投资组合学区措施的城市从此受益了吗？我们无法给出一个简单的回答。原因如下：首先是学区由不同地区组成，在整个实施过程中，步调并不一致；其次是所有人都想通过学生是否学到更多知识来评判投资组合学区措施，但是说来容易做来难。简单的并列对比——将这个地区学生的平均成绩和全国学生的平均成绩相比较——会导致太多差异因素（例如移民、居住时间长短、家庭状况等）难以控制。[23]

该报告在承认投资组合学区做法也许不可能呈现明确收效的同时，还要大张旗鼓地宣传它。

重塑公立教育中心报告还提出，通过评估投资组合学区措施的单个环节来间接形成对总体发展势头的衡量也是困难的："零打碎敲的评估方式——例如计算新型学校里学生的发展变化，对比该区域其他学生的发展变化——很可能形成误导性的结果。"[24] 此外，该中心也警告众人不要抱太高的期望，"尽管新型学校是投资组合学区模式的重中之重，但是不要过于乐观地估计每个学校都能取得成功。创办的新学校即使是对已有的成功学校全盘照搬，也仍然存在倒闭风险。同时也很难说，这些新型学校要具备完整的教学能力来提升学生学习成绩需要多久的时间。"[25]

作为投资组合学区模式最强硬的倡议者，这个中心提出了数点告诫，包括在衡量学生成绩方面。这让我们难以理解它对投资组合学区模式坚定不移地强硬支持到底初衷为何。另一方面，这个报告还说，该中心认为学生成绩是取得进步的最重要标杆：

> 因此，最终效益评估的问题是，是否全区域内的学生的成绩稳步提升，不仅包括普通学生，而且也要包括在成绩低迷的学校就读的贫困及少数族裔学生。这些问题应该在全区域范围进行回答，涵盖不同级别的学校，或者不同的人群。[26]

另一方面，该报告的下一句承认，"要进行分析非常困难，因为要对大量学生进行多年的跟踪调查，还要充分考虑所在地区的影响和学校在生源方面的竞争。"说完已有的成功标准是否能得到可靠的测量这个观点之后，该中心还认为，目前没有可信的实证依据能够支撑这个被说得天花乱坠、到处兜售的策略："对这个办学策略尽管众说纷纭，但是还没有确凿无疑的相关研究出现，因为这些研究无一是通过上述的分析方法做出的。"[27] 该报告还建议以其他方式对投资组合学区模式的价值和成效进行评估，包括"观察这些学校的变化、在临近地区的发展；贫困和少数族裔学生能够进入第一志愿学校的情况；教师淘汰率以及教师申请在低收入、少数族裔地区学校工作的数量，等等。"[28] 由此来看，这份报告前面说过成功的衡量方式必须是成绩提升，而后又说，目前没有确凿的依据能够说明成绩提升，而且以何种方式确定成绩增长能归结于投资组合学区模式，目前尚无从谈起。问题非常明显，但是该中心仍然执着地推崇这个措施，而至于如何衡量投资组合学区模式成功与否，它仅仅给出了一系列的间接方案。

尽管目前对于投资组合学区措施还没有综合的学术研究，但是在四个实施该措施的大型城市学区内，已经有两个开展了部分的学生成绩和教学成本评估。《芝加哥论坛报》分析了该市 2010 复兴计划项目学校的学生成绩，发现"因 2010 复兴计划项目而创立的小学成绩与全市平均成绩相差无几，由该项目重塑的高中之成绩却低于已经令人不忍直视的全市平均成绩。"[29] 这篇文章还讨论了关于芝加哥投资组合学区的其他问题。"除可怜兮兮的成绩之外，2010 复兴计划还有许多令人黯然的结果——重置后的学生大部分都转入了表现很差的学校，大规模学校关停导致平日对立的学生团伙进入同一所学校就读，因而引起了诸多青少年暴力事件。综合考虑这些因素，可以认为，到今年，也就是投资组合学区倡议的目标年，投资组合学区并没有实现当初的承诺。"[30]

关于 2010 复兴计划的部分研究文章还有另外三篇。一篇由该项目的资金来源，复兴学校基金会拨款支持，该基金会已经筹款五千万美元用于投资组合学区。[31] 目前，该基金会已经给 36 所新学校拨款三千万美元。由他们出资赞助、斯坦福国际研究院完成的报告认为"出资赞助的学校中，学生成绩不高，与周围地区学校的学生成绩提升幅度相同。"[32] 这个评价并不能解释投资组合学区措施学校关停这个维度的其他后继效果。芝加哥大学的芝加哥学校教育研究联盟通过对 2010 复兴计划关闭的学校进行研究后指出，"学校被关闭后，学生大部分进入了教学质量同样糟糕的学校，而且正如我们所预料的，他们的学习进展仍然保持在很低的水平。"[33] 这个研究结果还指出，如果学校关停后学生能够进入教学质量较高的学校，学生能够受到积极的影响，成绩有所提高——但是这些幸运的学生为数不多。

研究成果无法盖棺定论或者呈现负面反馈的情况下，接替阿恩·邓肯担任芝加哥公立学校首席执行官的罗恩·胡伯曼仍然声明，将继续推进这个倡议。2010 复兴计划是由芝加哥商业俱乐部（Commercial Club of Chicago，一个代表芝加哥商业机构的有百年历史的组织）的民事委员会（Civil Committee）发起的，委托企业顾问 A.T. 科尔尼（A.T. Kearney）撰写学校计划。对芝加哥公立学校享有行政管理权的市长理查德·迈克尔·戴利也在这个措施的实施中身先士卒，将人们耳熟能详的市场术语用在有关的讨论中，例如"竞争""选择"和公 – 私合作关系。尽管胡伯曼的政府部门从未发表任何一篇研究文章，但是他说，"他已经对数据进行了精心分析，大约有三分之一的学校成绩好于周边学校，三分之一相差无几，还有三分之一成绩落后于周边。"³⁴ 有些学校被关闭的原因不仅仅因为成绩，还包括未能充分利用学校资源，这些学校关停的理由加重了评价芝加哥投资组合学区的困难。对其持批评态度的人认为，学校评价的标准并不统一，并且这些学校的关闭、改造成特许学校的态势跟城市贵族化计划有吻合之处。

在新奥尔良的灾后恢复校区，能够获得的依据比芝加哥还要少。到2010年3月5日为止，共有六篇经同行评议的学术文章发表，但是没有一篇包含有关学生成绩提高的数据或者降低教育成本的数据。前面提到过，灾后恢复学区的支持者和反对者们围绕学生成绩和教育成本的问题有过激烈的争论。灾后恢复学区的支持者援引了斯坦福大学教育成果研究中心对全国特许学校的研究成果³⁵，该研究显示，特许学校在学生成绩方面与其他学校相比持平，或者劣于后者，但是路易斯安那州的特许学校表现优于传统的公立学校。反对者质疑的对象包括其方法论、对数据资料的选择性使用，以及特许学校获得资助远远多于非特许学校可能导致的后果。³⁶

重塑公立教育中心的中期报告也谈及了投资组合学区实施中的成本支出问题。该报告称，在慈善机构提供资金以实现创新³⁷的同时，这四个大型城市学区持续支付"工资、其他教育支出、租赁设备和维护的费用"。慈善基金在四个区的数量和用途各不相同，有些用于特许学校管理机构，有些用于基于测试的数据库跟踪项目，有些用于鼓励教师以放弃终身教职为条件拿高薪或者绩效工资，有些用于创办独立的研究机构。

尽管用于启动投资组合学区的款项具体数额并不清楚，但是据重塑公立教育中心估计：

> 可供使用的资金数量很重要，有些统计数据显示，纽约市所获资金款项数额约为2亿美元，是芝加哥的一半，在新奥尔良为5千万美元。到目前为止，用于华盛顿特区的慈善捐助额较小，部分原因是这个学区几乎还没有建成外部支持机构，部分是因为基金会还要一些时间才会兑现对新的教师工资计划的承诺。³⁸

对慈善创新基金过于依赖，导致未来投资组合学区的运转成本和资金管理存在诸多不确定因素。重塑公立教育中心希望未来的一份报告能够回答下面这个关键的问题："未来的新支持组织一旦成立，是依靠学校和学区的经费运营，还是会依赖基金会持续资助？"[39]

未来的资金问题会导致另一些现在仍无法解答的问题，例如慈善机构是否有足够的资源和意愿持续提供资金给投资组合学区，是否这些学区将来能获得资源和意愿填补被抽走的慈善基金资助（有些情况下，经济危机会造成基金会财富的大幅度缩水，资助难以为继，基金会的掌门人会重新谋划布局，有可能终止对一些项目的资助），或者是否能找到目前尚不清楚的资金来填补将来公立学校资金的空缺。关于基金会财力支持的其他一些复杂情况还包括，用私人基金款项来"平衡"公立学校开支时，如果举措有悖于公众意愿和公众利益，该如何处理。特别需要提到的是那些大型"投资慈善家们"——比尔·盖茨、布罗德和沃尔顿基金会——在策略地运用公共资助的资金方面已经驾轻就熟，他们影响了私有化方向的诸多投资组合学区改革，例如特许学校扩展、教育券、"新教育券"（用于私有化教育的公共出资的税收减免制度）、教师工资与考试成绩提升挂钩、教师大幅度淘汰及学校关停。[40]

投资组合学区措施的依据和组成环节

重塑公立教育中心支持投资组合学区措施的人对外界一再强调，一方面，投资组合学区措施的复杂程度致使评估十分困难，另一方面，也不应该化整为零地进行评估或者实施。但是，一旦发现任何正面有效的迹象，立法者、管理者和其他决策人员都会不顾一切地无视反对的声音。因此，也许我们需要说明，即使对该措施的逐个环节发展前景进行评估是合情合理的，也并不能说明其整体实施就因此无懈可击。

之前我们曾经说过，对早期离心化的研究没有太大价值，因为投资组合学区模式与早期的离心化相去甚远。要做出扎实有效的研究，就需要集中说明，将控制权力移交给教育服务外包的董事会将如何影响学生发展和管理成本，但是目前没有相关的研究。此外，在市政府或者州政府的管理下，教育主管部门更加集中的管理跟外包相结合的效果如何，也没有靠谱的依据可查。因此，投资组合学区措施的组成部分中，已经得到认真研究的只有特许学校、学校关停和教师淘汰，以及基于考试成绩的问责制。

对特许学校学生成绩的研究结果显示，与传统学校相比，特许学校学生的成绩表现不一，有些仍然低于传统学校。这些研究并未提供关于管理成本的信息。[41] 有93篇经过同行评议的关于学校关停的研究论文，其中没有一篇提供关于学生成绩或办学成本的实证依据；5篇关于教师淘汰整顿的同行评议文章也没有提供与这些问题相关的信息。基于考试成绩的问责制影响如何，可以通过"不让一个孩子掉队"项目的实施成果来分析。从2008年到2010年，关于该项目的经同行评议的文章中，共53篇包含关键词"学生成绩"[42]。其中绝大部分对这个基于考试的问责制体系提出了关于方法论、指导理论和实际问题的质疑，虽然有几篇文章仍对其保持希望，但是没有一篇认可"不让一个孩子掉队"实现了问责的期待效果。现有的依据表明，整体来看，"不让一个孩子掉队"并未提升学生的成绩，也未能削平学生成绩的种族差异。[43] 这些文献还反映了人们对于降低办学成本方面的忧虑，因为州政府拨付的资金不足以支付测试项目的费用——而且就连这不足以应付开支的款项也从来没能完全到位。[44]

表2.1 关于投资组合学区措施的同行评议学术文章汇总情况

	学生成绩	办学成本
纽约	—	—
芝加哥		
新奥尔良		
华盛顿特区	—	—

来源：学术研究数据库，2010年3月6日。

表 2.2　关于投资组合学区措施的各个环节经同行评议的学术文章汇总情况

	学生成绩	办学成本
投资组合离心化	—	—
创立特许学校	混合、反面证据	—
学校关停	—	—
基于测试的问责制	反面证据	—
教师淘汰	—	—
教师收入与考试挂钩	—	—

来源：学术研究数据库，2010 年 3 月 6 日。

表 2.3　基于倡议者说法的关于投资组合学区措施的依据

	学生成绩	普通学区拨款之外的费用
投资组合离心化	—	—
创立特许学校	混合、反面证据	—
学校关停	—	—
基于测试的问责制	反面证据	—
教师淘汰	—	—
教师收入与考试挂钩	—	—

来源：学术研究数据库，2010 年 3 月 6 日。

缺乏依据，来自实践的教训

重塑公立教育中心的倡导者们提出，投资组合学区"至少能够提升学生成绩"，但目前仍没有实证依据能够表明，投资组合学区能够兑现这一承诺。他们也承认，他们所提倡的激进改革较为复杂，能够适应如此复杂程度的提升学生成绩的不二法门眼下并不存在。该中心并不认为相关的分析工具将会得到研发或者有望得到研发,并且鼓励使用非主流的、间接的方式来衡量成功。另外,该中心还建议,在等待措施奏效的过程中要保持耐心。"不管是支持还是反对投资组合学区的人都容易对短期的现象仓促下结论,但是,这充其量只够他们去打口水仗,而不能对如此复杂和长期的一个策略做出合情合理的判断。"[45]

教育管理层和立法机构都应该意识到,投资组合学区的成绩衡量问题是何等举足轻重——倡议者们自己都这样认为。目前没有依据能说明,学生的成绩可以有效提高;关于成绩提升,这个最引人注目的承诺,也没有人预计其相关分析工具可以更加完善。现在的局面就是,教育管理层和立法机构面对一项很艰难的任务:既没有任何成绩提升的依据,也无法预见何时能获得这样的依据,这样的情况下,如何证明"改革"是势在必行的?不仅如此,他们还要面对日益明显的高昂财政投资、教育开支过大对其他公共开支的掣肘、未来资助不稳定、政治方面的附带后果、其他很有希望的教育改革[包括缩小班级规模、类似贫困儿童专区(Harlem Children's Zone)的与教育改革相关的综合社会支持项目]受到此次改革的负面潜在影响。简而言之,投资组合学区措施如同一个处方,风险过高而疗效难测。目前为止的实际情况说明,给出如此负面的预测不是空穴来风。

现有的投资组合学区实施耗资巨大,未来是否仍能得到充足的经济支持尚难以预言。盖茨和布罗德基金会等大型慈善机构都对这个项目一掷千金,认为教育是"用于个人的消费服务",能够促进"商业改良措施、改革方案和消费"。[46]尽管教育慈善资助仅仅是美国教育投资的一小部分,但是慈善机构在近些年来已经获得了令人咋舌的对教育政策的实践影响力和控制力。[47]这些慈善机构提供启动资金来推进他们所说的"改革",但是如果联邦政府鼓励已经启动的投资组合学区措施,各个学区的拨款所受影响将是巨大的。即使是重塑公立教育中心也认为,投资组合学区的问题之一,就是慈善资助有可能中途枯竭。然而,该中心并没有深入分析,万一慈善资助突然截止,这些开展受慈善资金资助的项目[例如教师福利工资(华盛顿特区)、研究机构(纽约市)、特许学校发展辅助措施等]的地区在关键支出和投资组合项目之间将何去何从。[48]我们有必要思考一下,如果这

第二章　以城市投资组合学区为例：教育企业化政策实施效果令人失望 | 49

些校区出于无奈，会不会把有限的资源从教师工资、硬件维护和物资购置方面拿走，用于不同投资组合学区项目的基础设施。这个可能性是很大的，因为从 2009 年开始，各州和学区的预算赤字已经接近数十年来罕见的程度，用于教师工资的激励经费已经接近使用一空。

在投资组合学区，社会和政治争端可能也会让问题更加复杂化，芝加哥和新奥尔良已经有此先例，最近大规模的教师解聘之后，出现这些问题的还包括普罗维登斯和罗德岛。当时在 2010 复兴计划中，学校的关停和创建过程中的学生帮派问题无人在意。由市长发号施令、企业策划的投资组合学区计划最终产生了芬格高中（Fenger High School），其教职人员全部更换、学生全部来自不同的临近关停学校。正因如此，学校的所有教职员工和管理人员对该地区和学生一无所知，根本无法预防后来被媒体和网络报道得沸沸扬扬的男学生迪里安·艾尔伯特（Derrion Albert）的意外身亡。《有料新闻》（Substance News）报社的乔治·施密特（George Schmidt）写道：

> 有一点，使迪里安·艾尔伯特之死跟其他大多数芝加哥发生的、影响公立学校的团伙凶案不同——这个案件不仅源自芝加哥市根深蒂固的贩毒团伙问题，而且也要归因于芝加哥教育局的"新学校"和"学校整顿"制度。他们关停了凯路迈特（Calumet）、恩格尔伍德（Englewood）和卡尔沃（Carver）中学，强迫这些学校里大多数不好管理的刺儿头学生转学到芬格和临近的学校——戴利市长和由他任命的芝加哥教育官员曾向公众保证，芬格学校一定会"倒闭"，后来在该校倒闭之时，戴利的学校董事会投票开除了全部教师，在该校推行"大整顿"计划。动荡的局面最终导致了 2009 年 9 月的那场混乱。49

故意为之的这种不稳定局面（美其名曰教师整顿、创造性破坏）正是投资组合学区模式的要义。但是，在城市地区，人们处心积虑地力图实现稳定、培育社会成员的归属感，以加强因拨款稀少、族群贫富分化和暴力事件层出不穷导致的岌岌可危的凝聚力，因此城市地区可能受益最多。由杰弗里·凯纳达（Geoffrey Canada）发起的广为人知的贫困儿童专区计划就是一个依靠社区力量的综合发展计划，这个计划与公众对终生公共服务发展的支持密不可分。尽管凯纳达已经沦为一个传声筒，鼓吹与全面的终生公共服务脱节的特许学校，但是他的项目和联邦政府的社区承诺计划（Promise Neighborhoods Initiative）（两者都旨在实施从公民出生前直至大学阶段的全面稳定的社会扶持）与投资组合学区大规模更换教师的荒谬逻辑背道而驰。不幸的是，奥巴马政府并没有拨款资助全面终生公共扶持举措，而是转而将资金划拨给了试图大规模更换教师、围绕竞争和选择进行组织的企业化学校改革计划，例如"力争上游"和"不让一个孩子掉队"。上述的政策跟投资组合学区措施一样，采取的是乱中求治的策略。除对社区的终生公共支持之外，理想的发展项目还应该包含批判性的教学要素。年轻人和成年人时时都在切实地感受压迫，他们应该能够批判地理解和转变身外那些带来压迫的社会、政治、经济和文化力量。批判性教学应成为理想的发展项目的核心特征。把教育改革和对现存的权利关系视若无睹的重新振兴的福利国家硬拉到一起是不够的。

　　另外，与早期的离心化将控制权转移到学校人员手中截然不同的是，投资组合学区模式在管理过程中将大规模开除和排挤教师、社区成员和教师工会奉为圭臬。其他一些问题导致状况更为复杂，例如解除工会后的教师工作状况恶化、聘用的教师资格证持有状况参差不齐，以及资深教师的留任。在投资组合学区，人人都非常清楚贫困地区的学校多么难以获得有资质的师资，然而，重大变革如黑云压城之际，对这些变革的实际效果却没有任何针对性的研究。[50]

投资组合学区背后的驱动力何在？

　　关停传统公立学校、开设特许学校是投资组合学区措施的核心，因此，我们有理由把这个措施更多地理解成私有化的肇始，跟离心化没有太多关系。事实上，倡导投资组合学区的人，包括重塑公立教育中心、投资慈善家和美国教育部长对投资组合学区的支持都是因为他们在实施私有化选择方案，并自认为这些方案能够以竞争和选择的形式将"市场规则"带进教育领域。[51]正在考虑采用投资组合学区措施的人也许会觉得,对这个措施的追捧佐以他们的能力,或许就能推动私有化的进程。对私有化的追捧确实遍及全国,但是没有学术论据能够说明营利性或者非营利性私立学校能够在学生成绩方面超过传统公立学校。费城雄心勃勃的实验由多家赞助者提供资助,而其结果已经说明了这一点。[52]

让我们回来分析投资组合学区措施自己的说法,它的说辞体现在比喻性的商业形象描述,而非真实的依据。我们曾经讨论过,他们的众多比喻中,有一个就是把学区的负责人比作经理人,他在判断购买和销售股票(也就是投资学校和承包商),依据就是这么做有多大盈利(学生成绩)的可能。这个理念让人不敢苟同,因为没有股票投资商会在没有未来盈利增长的依据前提下打算创建一个投资组合。但是简而言之,营利性和非营利性的特许学校和其他可以在学区进行的"投资"看起来都跟传统公立学校这种"投资"的效果半斤八两,或者还要逊色于传统公立学校。没有证据能够显示,让一个接一个学校发生翻天覆地的动荡(名曰大整顿,或者创造性破坏),或者让公立学校与承包商竞争能够提升学生的考试成绩。尽管现有的关于特许学校的数据不能令人信服地说明在复杂的投资组合学区制度中表现如何,但是,关停旧学校、开设新校所带来的额外压力和不稳定如何会让特许学校体系占据优势,还是十分令人费解的事情。到目前为止,有证据表明,整体来说,特许学校跟传统公立学校教学质量不过彼此彼此,甚至有时候还要劣于传统公立学校。[53]不清楚为什么投资者学区的倡导者会认定在投资组合学区体制中,能够得到理想的结果。

另一个广为人知的比喻,就是公立教育中的"政府垄断"已经"病入膏肓",是时候"给市场一个机会"。这种指责并非针对全部。虽然美国的教育在拨款结构上有着独树一帜的地方性和不公平性,但是它的学校教育质量跟其他工业化国家教育质量不相上下,[54]也就是说,美国教育虽然在城市地区公共投资不平等,却能够在教育质量方面做到跟其他国家比肩。这样的现状会掩盖一些事实,因为有很充足的证据表明,在相对富有的社区,对传统公立学校的公共投资能够、也的确在创造优秀的教育成果,包括优秀的考试成绩。[55]在这个国家最好的公立学校里,每生拨款经常是大城市校区每生拨款的数倍,众所周知,由于贫困,城市学区的学生受制于诸多学习方面的障碍。[56] 提倡自由选择和私有化的人宣称"公立教育已经不行了"的时候,他们所指的是城市学区,居民大多为有色族裔、经济状况较差。这样来看,操弄未经证实、未经研究、市场导向的实验,其目的,不过是试图避免在拨款充足的中产阶级白人公立学区和向来捉襟见肘的城市公立学校之间实现均等。多罗西·西浦斯(Dorothy Shipps)曾经指出,20 世纪以来,以商业为导向的公立教育改革已经证实,"给市场个机会"导致以商业引领过去百年里不公正的改革、以私人产业多寡决定的偏颇的资助,是导致教育不公的深刻根源。[57] 通过全球范围内的对比,已经找到强有力的依据,可以说明公平资助、公平分配资源、让所有学校接受跟最成功的学校同等的投资,必将产生良好的效果。[58]

声称美国公立教育已经成为彻头彻尾的灾难,却不理会相反的论据,导致很多人认为,值得用任何手段,包括最激进的尝试,来改善美国的公立教育。意见交锋中,商业化的比喻随处可见,"自由市场"措施显得魅力独具,其中包括按成绩定教师工资(绩效工资)和学校管理外包。除此之外,商业范式要求学生进步能够做到数字量化,因而基于考试的成绩就成为教学法和课程安排的唯一指挥棒。这种"底线"视角在促使考试成绩节节高升的同时,也排挤掉了传统的教育思维:教育是一种心智的努力,需要探索、争论、慎思细辨。希望学生能够更加深入思考的出发点被替换成了如何提升考试成绩。

缺乏强有力的依据支持投资组合学区、支持它的组成环节,甚至还有反面证据,这种情况下,让我们想起希波克拉底的至理名言:"首先,不应为害。"这话应该说给那些寄望于这种激进措施的人听。

建议

尽管投资组合学区模式得到一些决策中心的提倡,在一些大型城市学区得以实施,并且貌似获得了奥巴马政府的支持,但是仍然没有关于投资组合学区的经过同行评议的研究问世,也就是说,没有可靠的实证依据可以帮我们决定对这个模式接受还是拒绝；同样也没法预计，这样的支撑依据何时能出台，就连赞成这个模式的人都承认，要涉及可信的实证研究，确定投资组合学区模式对学生成绩和其他方面有何影响是极其困难的。作为投资组合学区中的一个，新奥尔良交出了勉强拼凑的成绩提升报告。但是，这些报告内容受到许多质疑，来自支持者的关于东拼西凑的改革数据和研究文献也说明，这个措施实施的成本高昂，而且对于学生成绩提升存在未知或者负面的影响。对孤立环节的研究所做的推断让人无法信任，因为在投资组合学区模式内，各因素之间的交互作用是纷繁复杂的，更何况即使是在这些推断性研究成果中，也没有迹象能够表明投资组合学区模式能够促进学生成绩的提高，或者让投资得到高效利用。

从这些角度出发，本作者的建议是，对于投资组合学区措施，立法者和管理者要三思而后行。我的另一个强烈建议是，采取这措施之前，决策人应当考虑以下的几个问题：

我们手中到底有哪些可信的依据？可以获得哪些依据来表明投资组合学区模式独具优势？这些优势都包括什么？何时能够实现真正的效果，在文献中如何进行记录？

如果这个模式的组成环节（例如特许学校、基于测试的问责制等）在模式系统之外无能为力，是否能指望它们在被整合进投资组合学区体系之后，就能奏效？

要启动一个地方的投资组合学区模式，需要依靠什么资金？这笔资金从哪里来？

要维持一个地方的投资组合学区模式，需要依靠什么资金？如果启动资金已经到期、不再继续投入，后续的资金从哪里来？

可能会产生什么样的政治和社会冲突？如何解决有些地区的不同意见？

这个模式成本/受益的比例如何确定？

第三章　不是官僚，胜似官僚：教育企业化改革中的"新市场"官僚作风

引言

企业化教育改革以商业术语、比喻和思维模式来描述教育问题。[1]借此将其思想体系的术语表述成无政治倾向、中立、放之四海而皆准的价值观；将学生和家长表述成私有化教育服务的消费者，而非公民；将公立学校的管理人员表述成私有化领域的经理人、首席执行官、投资商，而不是服务于公众利益的公仆。知识被当成商品，教师成为传递知识的工具，而不再以培育学生知识、技能和性情为己任，并帮助学生以这些素养使知识融入广泛的公共事务、社会斗争。企业化的学校戕害公立学校民主内容的发展，致使其不能促进公众提升思考能力，培养公众的批判习惯和批判意识，以及鼓励公众参与公共活动，这不仅可悲，而且危险。公立教育中，这些关系公众的因素对于美国的公众文化极其关键，因为在许多领域里，美国公众文化已经越来越被非理性把持。企业化模式改革甚嚣尘上的时候，牺牲的是生机勃勃的政治文化，此时非理性就会乘虚而入。

日益扩大的非理性风气显示出公众和知识之间关系的转变。在公共领域里，以知识武装起来的、开明民主的公民理念岌岌可危，因为整个公共领域里的信息质量和公民评价信息的能力都出现了日益严重的问题。企业经营的媒体力量坚如磐石，致使诚恳分析的报道几近灭绝，而新闻的大部分内容都牵涉公共关系，几乎所有（95%）的网络新闻不过是从传统报纸

照搬过来的内容。² 人们被信息的洪流和"寓教于乐"的节目淹没,在电视的妄论、信口雌黄的网站和微博、广告、公关攻势的包围下(而且最多的新闻来自于右翼政治团体)³ 几乎没有人知道,如何才能得到和评价真正可靠的新闻。真假消息泥沙俱下、不经编辑就仓促发表的时代里,人们无法解读自己生活的世界。假以阴谋论、异端邪说、奇闻轶事、误导宣传、营销谎言、"信息传播娱乐至死"、迎合公众情绪的简化解读等各种形式的非理性主义已经统治了政治话语和公共话语。扰人心神的流言满天飞,诸如911阴谋论、奥巴马篡改出生证明、疫苗接种的信任危机、饮用水中导致举国肥胖的秘密化学物质、上帝惩治同性恋的计划等等,在对社会和历史问题的阐释中肆意传播,真正的研究和科学却被当成谣言、猜测、没有依据、没有论辩过程的主观观点。

大局如此,财富日益集中到上层社会,收入分配不公,阶层间流动、获得发展机会越来越难,贫穷导致暴力现象横生,企业统治公共领域,政治为小部分人把持……媒体企业文化对这些现象给出了简单任意的解释,以迎合公众的情绪。

与优质的信息无法得到认可并驾齐驱的,是批判性分析工具的危机。非理性的勃兴反映了公立学校教育和大众教育的危机。公立教育一个重要的职责,就是为公民提供理性对话、思考和参与的智力工具,但是现在公立教育正接受企业化教育改革的重新塑造,这个过程将扼杀批判性思维、妨碍对知识的评价、破坏追求真知和形成真知的社会力量之间的关系。有利益诉求的知识以公共关系的形式出现,被大众媒体矫饰成无关利益的新闻,而与此同时,在公立教育中,公共关系和广告以教育商业活动、赞助教育资料以及消费指导⁴ 的形式大举渗透课堂。政治利益和物质利益在校园外的公共领域无孔不入的同时,校园里,标准化测试和标准化课程的风气(叫它歪风邪气也无不可)大言不惭地说,在他们的课程和教学法当中,没有政治因素的干扰。企业化教育改革导致非理性主义在超理性的伪装下攻城略地,它认为有必要学习的内容,必须是能够进行数字量化的。关键之处在于,文化政治力量和政治经济力量带来各种阐释、各种知识诉求,理解这些力量是当今公民面临的急迫任务,但是教学法和课程被企业化教育改革把持得如此严重，口头上声称不偏不倚，其实是否认了知识、教学和学习中必然存在的政治。否认政治这个危险的说法不仅仅意味着要进行标准化测试，也意味着我所说的"新实证主义"，这种倾向随处可见，将知识、教学和学习贬低成了数字量化、准确可测的教学内容。新教育环境中，一切用数字说话，还对此给了个冠冕堂皇的包装，名曰"科学"。而实际上，这种教育使非理性主义得寸进尺，失去了语境的知识被说成"事实世界"的汇总，好像这些事实不需要阐释的框架，也不需要理论假设。[5]

非理性主义、神秘主义甚嚣尘上，公共文化被图像和瞬息万变的诸多观点主导，这样的格局下，看似只有数字能以科学的面目让人踏实。[6] 我将会在下文讨论，世界因为资本主义交换原则无处不在而显得抽象虚空，相比之下，选拔性考试制度化在公众心目中却显得既明晰又稳固，使人感到毫无疑虑。[7] 在新自由主义的思维模式摆布下，非市场无以发展的看法导致了马克·费舍尔（Mark Fisher）所说的"市场斯大林主义"，市场效率的表象会践踏真正的效率。[8] 市场斯大林主义横行的世界里，任何具体事件最终都会跟公共关系产生辩扯不清的关系——大卫·西蒙（David Simon）在电视连续剧《火线》（The Wire）中将之刻画成了一个"虚假统计数据"游戏统治的世界（首先制造一种能体现效率不停提高的量化衡量方式，然后这个游戏就会在政策和教师、管理人员、警察、政客、商人和公共服务者们当中挤走真正的根植于公共利益的理性）。随着这个数字游戏不断追求创造越来越大的数字，对数字不顾一切地追求造成了许多基础价值观的扭曲，人与人之间的民主社会关系因此荡然无存，在公立教育中，美其名曰以横扫"公共领域官僚作风"的方式"提升市场导向的效率"。

前几章我们讨论过，尽管企业化教育改革无法实现自己承诺的提升考试成绩、降低办学成本和治理官僚作风，尽管这种改革危及批判性的公立教育，但是论及以私有化方式，在学术、政策、公共领域重塑关于教育的讨论，企业化教育改革的倡导者们可算是独领风骚。他们的观点并不以充分的依据为基础[9]，赞成私有化、反对教师工会的诸多宣传影片，例如《等待超人》（Waiting for Superman）、《摸彩》（The Lottery）和《同业联盟》（The Cartel）以及NBC固定播映的一系列节目皆如出一辙。这些例子说明的是企业化教育改革计划中令人咋舌的非理性化和虚伪态度。对私有化的倡导主要依赖商业的比喻,例如"通过扫除官僚作风"来"提升成绩""竞争""选择""垄断"和"倒闭",市场"规则"和人身控制"规则"在此交汇。本章要对"通过扫除官僚作风"来"提升市场效率"这一说法做出批判。在整顿公共领域官僚低效的基础上,企业化教育改革者们洗白了许多私有化形式,例如特许学校、教育外包和教育券,等等。

公立教育私有化最重要的基本比喻之一是从20世纪90年代早期就提出来的,认为市场"天然高效",可以消除官僚作风。这个观点是由约翰·恰伯和泰瑞·莫在《政治、市场和美国学校》(Politics, Markets and America's Schools)一书中首次提出的,认为要反对公共机构的官僚问题,并认为私有化的管理才会产生效率。[10] 这本书出版后成为新自由主义教育观念的圣经,自此以后,私有化对抗官僚作风的作用在教育政策中得到了不遗余力的宣传,尽管并没有任何证据能够说明这一点。然而,企业化教育改革并不能在公立教育中减少官僚风气、提升效率,却反而在现实中导致官僚风气日盛、经济和管理方面效率低下。换言之,企业化教育改革造成了如假包换的私有化官僚结构。此外,企业化教育改革导致教育政策和实践、课程安排和管理方面的控制权易手,并且创造了一个底层被私有化的两层分化教育体系,损害了公立学校的公共参与和批判可能性,致使教育资源控制权被夺占。这一切,究竟是增加了还是遏制了官僚风气的问题,在很大程度上被企业化教育改革掩盖了。

本章将详细描述新市场企业化教育改革中的官僚风气,目的在于表明,企业化教育改革不仅没有实现遏制官僚风气的核心目的,另外还在教育领域里夹带进了一种全新的、尚未得到研究的私有化官僚风气,这种风气的社会成本是高昂的。研究界曾对20世纪70、80年代的实证主义思潮和社会、文化的再生产进行批评,本章在援引这些文献的基础上,提供新的概念工具进行分析。第一部分再次回顾隐形课程、对实证主义和再生产的批评;第二部分详细阐述新市场的官僚风气,解释与过去福特时代的隐性课程和再生产相比,实证主义思想和社会、文化再生产的不同之处;第三部分主要讨论新市场官僚风气在当代教育改革中是如何被发现的,之后的一段文字解释在私有化的、拒斥平权运动和"伟大社会"的平等愿望运动的双层教育体制中,新市场官僚作风是如何发挥作用的。本章目的在于定义什么能称作企业化教育改革中心的"新市场官僚作风",鼓励研究者对其进行实证研究,让公民能够更好地理解如何才能破除私有领域的官僚作风,在公立教育领域培养公众的、均等的、民主的管理方式和高瞻远瞩的视野。

新市场官僚作风寻根溯源:隐形课程、对实证主义的批判和 20 世纪 70、80 年代的再生产理论

尽管在开明人士和保守人士之间达成了共识,但是公立学校既不是中立的教育服务提供者,也并非将学生融进公正的经济、政治体系和文化的基本工具。相反,公立学校是灌输意识形态的场所,也是意识形态和物质斗争的场所。在灌输意识形态的过程中,学校教导学生要向权威俯首帖耳、唯命是从,要按照权势人物和机构的方式去理解这个世界。学校时时刻刻鼓励学生借用持有权力的人所使用的语言和思维去描述这个已经被企业文化的思维所主导的世界。经过私有化、商业化,外加在所有学校和教育体系中力推企业化文化,公立学校的所有权和控制权已经日益远离公众之手,正遭受资本家的巧取豪夺、大肆搜刮。但是,作为意识形态和物质斗争的场所,公立学校也可以更加体现"为公"的特征,例如:它们可以成为共同拥有、培育对其他机构集体民主管理的典范,公立学校也可以培育公共文化、传授学生技能和性情,让他们能够在创造性的民主体制中,学会重塑他们身处的社会,而不是仅仅被社会同化。

20 世纪中期,在学术和政策方面统领美国教育的,是管理和产业效率方面的泰勒主义(Taylorism)模式和心理控制模式,例如行为主义。[11] 美国教育传承了根植于这些模式的保守政策和做法,而到 20 世纪 70 和 80 年代,这些政策和做法都受到了激进教育理论的种种质疑。激进的教育家们力图重振杜威和乔治·康茨(George Counts)创建的进步教育传统,提倡重塑社会,以公共教育作为培育广泛的民主文化的阵地。激进教育家们又在进步教育传统中加上了一个因素:以非教条主义的马克思主义思想,分

析阶级再造和学校在经济等级复制中的作用。他们借鉴并发展了路易·阿尔都塞（Louis Althusser）、皮埃尔·布迪厄（Pierre Bourdieu）、塞缪尔·鲍尔斯（Samuel Bowles）和赫伯特·金迪斯（Herbert Gintis）的理论，质疑再生产理论的局限性，包括其机械倾向、对于经济决定性的过分强调，以及将代理人、中介和文化都界定为主要的社会力量。

20世纪70和80年代的激进教育家们认为，学生们的独立思考与对教师权威的质疑，存在着某种政治上的可能性，并且可能对底层文化的构成产生一定程度的影响，因而他们推行了激进的教学方式，其中很大程度是借鉴了巴西教育家保罗·弗雷勒的批判教学法。其中最值得一提的是亨利·吉鲁和斯坦利·阿洛诺维茨二人，他们大量借鉴了法兰克福学派的批判理论来批评公立学校里的实证主义文化和思维。二人的著作推动公众将公立学校视作拓展社会整体公平正义的场所。不仅如此，针对美化公共领域的官僚作风、称其是通过"隐性课程"为将来的资本做准备的现象，二人的观点在理论上给出了准确犀利的一击。这种隐形课程向学生传授再造资本所需的社会关系、思维意识和脾气秉性，换句话说，学生习惯了向教师的权威低头，将来就会习惯向老板的权威低头。20世纪70、80年代的激进理论家们汲取了许多的传统理念，例如安东尼奥·葛兰西（Antonio Gramsci）的文化霸权理论。葛兰西认为，所有政治关系都是教育关系，并专门研究民间社会的文化斗争。[12] 他们还借用了雷蒙·威廉姆斯（Raymond Williams）关于经典形成的文化斗争理论。[13] 另一理论支撑是皮埃尔·布迪厄有关资本形式的分析[14]，认为通过经济资本、文化资本和社会资本，[15] 阶级优势能够长期传递下去

借鉴于法兰克福学派批判理论的批评性教学法对实证主义的批判让人们清楚地认识到，学校传授的知识是如何被戴上了普世价值、不偏不倚、没有阶级和文化的倾向性的面纱。在学校里，那些所谓合情合理、中立、普世的阶级和文化知识彻底掩盖了在阶级问题基础上滋生的文化、知识价值观、利益和思想的斗争。标准化考试给阶级和文化的等级制度披上了合法化的外衣，帮助这个等级制度得以延续。同时，由于标准化考试，社会不公看似是因为学生个体和天赋差异引起的。另外，法兰克福学派也质疑

保守的文化规范以及广为认可的教育共识：最有能力、最聪明的那些人的知识和文化应该当传递给需要这些知识和文化的学生。法兰克福学派跟再生产学派观点相同的问题，是两种思想都认可知识在多大程度上是由阶级决定的思维方式。但是，法兰克福学派与再生产理论有一点截然不同之处：他们提出个人调解理论，以及批判自觉的可能性。20世纪70、80年代的激进教育者们认为，单纯的激进批评并不足以改造社会实践和社会秩序。吉鲁更是强调行为者和可能性的理论，认为这些理论能够在政治方面补充使人放弃抵抗和努力的关于主体塑造的论点，该论点充满客观决定论色彩，容易带来绝望情绪，主张在社会世界中，个人只能受到权力结构机器的形塑，在很大程度上是权力结构机器的产物。[16]

　　法兰克福学派对于批判教育学的一部分贡献，是通过批判实证主义抨击州资本官僚体系状态下的教育实现的。这种教育观念推行认识论假设，建立的理论基础包括妄图求助于全面知识实现启蒙、为此信赖科技进步以及其最核心的实证主义逻辑。在知识的组织过程和选择过程中，受到诸多价值观与既定观念的影响，而实证主义割裂了二者之间的关联。它敌视理论，选择通过积累实证观察的事实来解释社会现实。从实证主义的角度来看，知识是绝对可衡量、可以数字量化、没有立场区别、始终客观的。实证主义提出激进的客观论，认为不应当把寻求知识的人的主观定位和知识本身联系起来考虑。法兰克福学派虽然保留了对理性的执着，但是并不接受启蒙理性的核心要素，转而辩证地、通过对话追求知识。西奥多·阿多诺（Theodor Adorno）、麦克斯·霍克海默（Max Horkheimer）、哈贝马斯和赫伯特·马尔库塞（Herbert Marcuse）是批判实证主义和工具理性的核心力量，他们给批评性教育理论家们提供了思想工具，让他们得以分析教育与主体塑造、工作、休闲、性、心理和公共生活之间的关系。批判理论的辩证分析途径与实证主义不同，前者认为，在某个机构里获得的片面的知识应当放在社会大格局当中才能得以理解。换言之，要真正地理解学校课程、老师和学生行为，政策和管理理念必须参照整体社会结构和塑造这些内容的权力关系。此外，批判理论还认为，公民有希望发展为一个具备批判意识的人，能够学会如何解释公共问题，将其上升到理论程度，最终参与公共问题；能够质疑当权者，想象尚未有人想象过的自由的公共关系和个人生活方式。批判理论的辩证方式认为，一方面，公民是由意识形态塑造的；另一方面，又不能仅仅被理解成为意识形态的结果。[17]

20世纪70、80年代的批判性教学一直提倡通过批判性哲学课程将自己的经验和社会现象提升到理论层面，希望这些课程以学术的工具和特征对压迫进行反制和干预，实现未曾有人想象过的公正的社会构造。批判理论家们提出的愿景是：理性、自治、自由的公民成为社会转变的行为者。这种愿景与一系列后结构主义建构派的立场截然相反，对于理性主观性、社会转变的行为者这些说法和有助于批判意识形成的批判性教育理论和实践教育的努力，后者完全不以为然，甚至持全盘否定的态度。[18]激进主观主义的代表形式有二：一是以心理学为导向的学术教师教育课程，二是以现象分析为导向的教育理论。后者有一个误区，就是使用未经理论提升的个人经验。隐形课程和再生产理论的研究者们及时雨般地提出了反对激进主观主义的对立意见。此外，鉴于教育领域的实证社会学家们旨在摒弃理论、打着算盘衡量教育的激进客观主义，批判理论家们还提出了针锋相对的观点。

20世纪70年代末、80年代初激进教育对实证主义的批判始于福特经济时代末期，即经历了积累体制和新自由主义意识形态盛行的后福特时代的过渡期。这个过渡是从稳定、统一的工业型经济、凯恩斯主义和劳资妥协到以金融为基础的服务型经济的过渡。后一种经济类型中，作为工会成员的劳动力被输出到海外，导致劳动力短缺日益严重，新自由主义经济法则强调货币主义、金融化、私有化和脱离常规。这个过渡时期的另外一个特征是国家对社会福利项目的直接投资逐渐减少，私有营利性机构逐渐在国家的引导和帮助下进入公共领域。其中一个例子是就业保障网原有的福利形式被终结，代之以工作福利制；公共住房体系被破坏并私有化，代之以营利性多种资金注资的房地产开发；军队通过对商业承包者的大量使用，也开始了私有化进程；学校通过特许学校、教育券、商业化、外包，以及企业文化思想在学校教育和政策中传播等形式也实现了私有化。

福特时期的自我制约和社会制约使用了时间密集和劳动力密集型的控制

方式。[19] 福特时期的心理学和精神病学的谈心疗法被后福特时期心理－药理的直接身体控制所取代。曾在监控之下对犯人进行教育的"敞视监狱"转变为单视监狱［例如佛罗里达州的超级戒备（Supermax）监狱］，因犯受到人身控制，而看押他们的人也毫不寄望于他们将来能改过自新，因为改过自新是经年累月的自我约束。[20] 后福特时代的学生日益被当成这些控制性科技的企业化和身体控制的对象；后福特时代的贫困阶层和蓝领工薪阶层的学生成为日益强盛的监控氛围的对象，企业对他们身体的控制无处不在。与这种企业控制同时存在的，还有大举进入校园的企业产品：身份卡和金属探测器；课程内容和教学方法，包括僵硬死板的学习内容，由企业操纵、使用规定性僵硬教学内容的特许学校（这些死板教条的教学方法的代表就是"知识就是力量"项目和爱迪生教育公司）；[21] 由企业生产和管理的死板、强制性的补习班，用于提供给那些认为学校课程沉闷乏味、毫无意义的学生。

与此同时，来自白领中产阶层的学生也同样受制于另一种类型的企业／人身控制之下。经受的教育让他们认为，他们首先是作为商业世界的主体存在，要想更加专心致志、过目不忘地熬夜读书，就必须借助各种各样药物的辅助。这使医药工具得以在提升成绩方面大摇大摆地存在。以药物提高的成绩在职业体育领域里是违法甚至是犯罪，奥林匹克运动会、自行车赛、垒球赛中，禁药丑闻比比皆是。白领中产阶层的学生逐渐认识到，他们必须亲自对身体进行管理，以便在现在的教育竞争、将来的经济竞争中出人头地。[22] 白领中产阶层望子成龙的期待决定了他们会采用多种多样的形式对学生实施企业／人身的控制。从福特主义到后福特主义的转变过程中，州和市场之间的关系发生了变化。社会规范不再由自由福利国家给出，而是产生于私有化、市场导向的政策，新自由主义思想应运而生，每个社会领域都其被当作市场对待。

随着私有医药产业的发展和公共卫生事业的萎缩，私立监狱、公共住房的拆除和私有化，私立学校争先恐后地出现，后福特时代新的国家服务机构私有化日益严重。后福特时期，职业管理主体的自我约束日益呈现私有化的特征，因为在私有化的社会里，急需个人具备创业的素质。教学生如何把握资本再生产所需社会关系的福特主义隐性课程在这个前提下被逐渐转变成清晰可见、并不遮掩的显性课程。在20世纪80年代早期，关于公共教育的公共和政策话语迅速根据经济利益和理论基础进行了调整。1983年出版的《危机中的国家》(A Nation at Risk)做出了明确的阐述：教育目的应当通过全球经济竞争的需求来定义，教育进步应当服务于经济目的要作为国家安全战略来确定。

随着新自由主义话语在教育政策和思想中与日俱增，后现代理论、身份政治和20世纪80年代末、90年代初文化斗争的兴起，学术领域里对实证主义的批判逐渐不再引人注目。与此同时，德里达（Derrida）、福柯（Foucault）、德勒兹（Deleuze）和鲍德里亚（Baudrillard）等人的法国文化理论解析了文化和权力之间的关系，使学术界的左翼流派产生了浓厚兴趣。多元文化主义最早以草根运动的面目出现，后来发展为多种多样的形式，最终在教师教育学校和教育文献中呈现为自由化的表达，而不是落实为普通的课堂教学法。多元文化主义的批判性变体［例如史力特（Sleeter）、葛兰特（Grant）、麦克拉伦（McLaren）、马赛多（Macedo）、巴特洛梅（Bartolome）和雷斯蒂那（Leistyna）等人的研究］仍然将火力集中于权力和政治，并未放松对实证主义的批判。但是相对于自由多元文化主义，这些都在学术教育研究中处于边缘地位。对后者的定义是包容文化差异，或者是倾向于政治多元化的身份政治。这些自由化的观点在很大程度上漠视文化与阶级的差异，因此无以理解文化通过阶级来实现、阶级通过文化得以维系的道理，更无法触及例如资本主义这样的社会结构和更大范围内的思想形态，例如在教育中实证主义是如何生成价值观、认同和主体地位的。

尽管在许多方面法兰克福学派已经不再批判实证主义和工具理性，不再质问那些秉持实证主义和工具理性的人，但是因为美国的教育已彻头彻尾臣服于经济理性，因此学校的职责、对知识的理解方式和教学方式越来越强烈地呼吁搞清楚教育的新形势。一方面，对实证主义的批判从没有像今天这样与现实密切相关，因为教育管理、教学、财政等领域已然沦陷于实证主义之手。另一方面，跟20世纪70、80年代相比，资本主义思想体系渗透教育的程度已经有了全新的变化。

仅仅将助力资本主义思想体系占据主导地位的有关因素罗列出来也仍

然不够，其中包括新自由主义思想稳定且成功的右翼文化努力；经济领域里自镀金时代以来罕见的导致财富和收入集中的阶级斗争；苏联解体，使可以想象的自由资本主义的替代制度不复存在；官方推行马克思主义制度的国家里，威权资本主义统领一切；媒体企业大权在握，前所未有地获得公共领域的教育权力，尤其是教育公民适应消费主义；自由化福利国家制度在政治领域受到侵蚀；自由化学术传统受到挑战。在让人们对一系列不自由的状态低眉顺眼、服从接受的过程中，实证主义为虎作伥，不断传递信息、重复释放信号，要人们相信别无出路、抵制无望，在科学主义的幌子之下，现存的不公正秩序显得顺理成章。

过去30年中，对公立学校最重大的转变是经济逻辑笼罩了全部教育实践和政策。对于自由派和保守派来说，几乎所有社会事物存在的合理性都要借助两个经济上的承诺：一是经济状况改善，二是全球经济竞争，因此要求教育的任何进步都必须经过考试成绩数字量化。某种程度上，这继续加深了"教育平等"的错误概念，整个20世纪，教育平等都被误以为是参与竞争的平等机会。斯坦利·阿罗诺维茨指出，杜威主义进步教育传统也犯了相同的错误，认为教育让个人在经济发展中有机会得到平等接纳。[23]教育的经济化让资本主义教育体系中隐形课程变得越发肆无忌惮，"毫不掩饰"。但是与此同时，在新自由主义时代，当初使公立教育体系得以建立的那些精心选择的自由主义人文理念已经荡然无存。过去认为公民受教育是为使其成长为全面的、有思想的人，能够进行自我启发教育、参与公共事务和集体的自我管理，这样的自由主义思想已经荡然无存（虽然口头上还是这么宣传）。从某种程度上来说，自由哲学传统中来自实用主义的另一部分占领了市场。这是"经济人"（homo oeconomicus）的胜利，对于市场中的个人利益，他们时刻保持冰冷的算计。对未来，人们持根深蒂固的怀疑态度，马克·费舍尔将其定义为资本现实主义，英国前首相玛格丽特·撒切尔（Margaret Thatcher）称其为除市场以外"别无出路"。[24]这种观念深深困扰着教育。费舍尔非常犀利地指出，在奉行新自由主义的英国教育体系里，提升效率的解释中都不免带着新式企业化官僚的束缚。

在教育服务得以有效传递的基础上，公共控制被"拉下马来"。但是，这些所谓的"解除管制"改革带来了巨大的新型管制机构。举例来说，特许学校教育本应该将学校和管理人员从官僚体制的束缚下解放出来，允许更大的责任制（一般来讲这就意味着提升标准化考试的成绩）、降低办学成本。对特许学校的研究已经发现，相比较传统学区学校，特许学校成绩低，而管理特许学校的教育管理机构（EMO）的管理费用更多。[25] 此外，特许学校运动（通常人们理解的"择校"）给教育体系里带来了全新的官僚体制，例如为向家长们推销特许学校而开展的公关努力，在地方、州和全国各级机关设立全新的机构以推动特许学校进入学区，为压制不一样的声音而设立的"研究"中心（第二章有过详细的阐述，重塑公立教育中心就是一个典型例子），为推广私有化进程各个方面而出炉的若干报告和"研究"。更不用说在学校里，将教师和管理人员置于重重官僚作风的压制之下。他们已经被转变成了整天埋头于案牍文件的"教育投资商"，成天为获得学校运营所需的私人赞助而忙碌。我们从以上这些内容能够获得的最重要的认识是，官僚体制没能得到遏制，连削弱都谈不上，而以效率提升的名义，导致了学校运作以及政策形成的管理权、控制权的转移，致使教师和管理人员全部沦为一整套新型市场导向的官僚体制的牺牲品。这个转移中，一个代价显而易见，就是教师要把时间大量耗费在准备文件上，而不是备课、做好知识积累。一个不太明显的代价则是教学日渐远离了艺术性，因为知识不再是逐渐形成，而是变成了从教师到学生的传递。教学变得机械化，远离智慧的发展，更接近预先限定的方法措施。这样的规定性方法论还阻止教师专心分析具体教育环境和学生经历，批判性教育方法从此再无用武之地。[26] 批判教学法需要从学生经历和教育环境开始分析，以引导学生解析外界的社会力量是如何生成了这些环境和经历。批判性教学法希望帮助学生更好地理解知识和主体经验形成过程，而规定性教学法则想要将知识从环境剥离开，降低个人对环境的理解。一个更加隐形的代价是机械的教学在学生头脑中播下了保守观念，与公共批判教育的理念背道而驰。

《纽约时报》（*New York Times*）专栏作家托马斯·L. 弗莱德曼是新自由主义教育的推销员之一，他在公众舆论中将教育定义成公共问题的替罪羊。

他提出，美国失业率居高不下，原因是教师和学校没有能够制造出足够的有创业精神的工人。[27] 弗莱德曼的观点是，如果学校能够提升学生的创业精神，他们无论如何不会被开除。照这样来看，"知识经济"的发展只需要创造和形成知识就足矣。实际上，经济发展和创业同样需要资本，而资本总体中的一大部分已经被过去三十年间新自由主义私有化政策带来的投机经济和"解除管制"摧毁殆尽。

公立教育中的新市场官僚体系

为使概念清晰，我们可以将公立教育中的新市场官僚症状至少分为三个大类：第一类，我称之为向"市场实证主义"的转换，即以量化的考试结果以及官僚机制来实现对教师、管理人员和学生的控制，实现对课程和教学法的篡改；第二类，出于新市场官僚主义的需求，在新市场实证主义的推动下，设立和投资全新的各级官僚组织，这些组织的使命是推进企业化的进程，包括私有化、解除管制、标准化、特许学校辅助机构、投资慈善、[28] 校区辅助机构，以及游说力量；第三类，将商业费用和理念引进到公立教育体系中，带来了财务和社会两方面的损失，例如公立、私立学校都需要出资进行公关活动、打广告，需要跟特许机构做地产交易，以及为市场型的竞争提供资金，争夺实施企业化教育改革所需的私立或公立的基金，如"力争上游""布罗德奖"和"米尔肯奖"等。第三种新市场官僚症状要动用数十亿美元的私人基金，尤其是来自那些大投资慈善家们的基金，例如盖茨、布罗德和沃尔顿，目的在于左右公共政策。这些基金财富的来源是对富豪们的税收减让，如此一来，对公共政策的控制权力被堂而皇之地移交到了这些巨富手中，换言之，公众放弃了来自富豪们的税收，而拱手让出了对公共机构的控制权。[29]

尽管对福特时期公立教育中实证主义的批评在福特时期后期、向后福特时期过渡阶段基本销声匿迹，但是实证主义（我称之为"新市场实证主义"）一直处在20世纪90年代以来以市场为主导的教育重构新形势的核心。历史久远的实证主义教学方式重现生机，成为新市场实证主义的典范，其形式包括标准化考试、课程标准化，以及在教学改革基础上制定的政策，这些改革据称不仅科学而且经过了实证的检验，而实际上，这些教学改革既缺乏详细的框架假设，又没有足够的理论化，是对教育理论的抵制、对实际主义的推崇，坚持认为"事实胜于雄辩"，认为没有理论的经验也可以充当真理的裁决依据。新市场实证主义标志着这些年代久远的措施被用来实现教育私有化多种形式的发展。

在某种程度上，现在的变化是将实证主义和企业／人身控制相结合：（1）利用实证主义为公立教育私有化的多种形式进行辩护——公立学校所有权和控制权转移、学校文化、课程和教学法改变；（2）学校出现压迫，例如为实现对人身的完全控制，实施军事化教学、监狱化教学、对成绩较差的学生和学校实行效率模式管理；将成绩不佳的学生开除，并振振有词，说这是天经地义的。所谓通过消费和努力来实现经济自由、个人选择、自我实现这种承诺的负面效应由此显露出来。学校里通过使用药物进行教育竞争，是这一类人身控制的典型代表。

对于富有的学生来说，企业／人身的控制通常是以药物控制的形式存在的，因为药物能够辅助他们提升注意力（例如用于治疗注意力缺陷和多动障碍儿童的利他林和阿德拉），在教育竞争和经济竞争中，总能看到这两种药的身影。药物控制还被用于治疗学生的抑郁、恐慌和焦虑（多种抗抑郁、抗焦虑药物例如百忧解、帕罗西汀、舍曲林、阿普唑仑）。这些控制手段的逻辑跟特许学校的逻辑如出一辙：放松控制（去民主化、私有化、解散工会），但是要求按照测试成绩实行负责制（即实证主义）。新的市场实证主义体现出自由和"无自由"之间的一种新型关系。给学生的承诺是，他们有机会可以通过训练成长为创业的主体，通过学习上的竞争在未来参与经济上的竞争。违背法律出于非医疗目的给学生用药是出于完全同样的目的：通过学习上的竞争在未来参与经济上的竞争。

旧实证主义和新的市场实证主义之间的关键区别在于，旧实证主义如何将社会和文化再生产在公共福利和利益、人文教育个人价值观的伪装下掩盖了阶级性、使其显得顺理成章、放之四海而皆准。在福特时期"隐性课程"时代，学校教育作为资本主义经济的分类和筛选机制的功能在很大程度上被漠视了。布迪厄和帕瑟龙曾经指出，类似考试的机制将社会按照阶级分成三六九等，而同时，考试又造成了个人才能不同这一表象，掩盖了生活机遇分配的不平等。[30]新的市场实证主义仍然通过学校教育使阶级的固化看起来不存在阶级性、顺理成章、放之四海而皆准，也公然给所有教育关系的某种经济基础（为工作而受教育、为经济竞争而受教育）蒙上了一层合理、普世的面纱，同时又为教育机构管理权和控制权向私有经营者转移做出辩解。设置数据库项目的目的就是为了聚敛被认为是最有效的知识传送体系、教师和学生奖惩体系，这些数据库不仅位居教学法改革、课程改革和管理改革的核心，而且跟隐性课程时期不同的是，这些数据库被堂而皇之地美化成能在资本主义社会里惠及大众。新市场实证主义让一切都臣服于知识的标准化、常规化，否认在知识的追求和框架背后掩藏的阶级利益、文化利益和政治斗争。这种趋势拒绝批判教育，因为批判教育把权力、政治、历史和道德都摆上了教学的中心位置，符合公众的民主价值观。新市场实证主义否认和遮盖知识中包含着政治这一事实，并将资本主义意识形态公然、强悍地运用在公立教育的每个方面。新市场实证主义否认、掩盖知识中包含政治的现实，在公立教育的方方面面都毫不掩饰、肆无忌惮地推行资本主义意识形态。隐性课程时代的实证主义掩盖知识中的政治，目的在于掩盖构造了公立教育的资本主义意识形态。简单地说，在隐性课程的时代，分化的劳动力、不公正的生活机遇分配等看起来都自然而然、没有阶级对立、天然合理，因此导致公立教育难以对公共领域具备批判能力。新市场实证主义仍然掩盖知识中存在政治这一点，但是同时严格地、公开地通过对照资本主义最高价值观重新定义个人机会和集体机会。新市场实证主义日益强化的测试、时间控制和标准化等措施更加压制了教师逆流而上（罗杰·西蒙如是说）进行批判教学实践的可能。由于新市场实证主义，公立学校从此难以为公共利益、身份和阐释而进行抗争，非经济的价值观、理念和意识形态在社会中日益难以生存。

作家大卫·伯恩斯坦（David Bornstein）说："'共同努力——美国从摇篮到岗位培育网络'（Strive Together—National Cradle to Career Network）与公立学校联手实行教师整顿，其实仿佛是在全国范围内的每个学校都建立一个'作战指挥室','根据数据来发号施令'"。这个机构的首席执行官杰夫·埃德蒙森(Jeff Edmondson)在《纽约时报》解释说:"我们联手做这件事,是为了营造一种共同的认识,找到一种共同语言。因为你做不到让人们都对意识形态或政治的东西关心备至,需要共同语言才能把人们汇聚起来,这个语言就是数据。"[31] 埃德蒙森的话简洁有力地说明,他们否认新市场实证主义背后隐藏了政治。一方面,人们普遍认为,这种改革是为了提升学习成绩,以增强"全球经济中的竞争力",也就是为了获得资本体系的接纳。另一方面,矢口否认这样的教育纲领必然具有政治性。让我们举一个有关阶级的很明显的例子:通过将劳动力成本降到最低来追求利益最大化的企业主跟那些被迫出卖时间和劳力的工人根本没有任何共同利益可言,因为企业主所处的位置决定了要剥削工人。让我们从这个例子来更透彻地理解与劳动力有关的政治:"共同努力"项目隶属于"代表儿童"(Stand for Kids)这个组织,该组织提倡限制辛辛那提市公立学校教师集体谈判的权力,并且与米歇尔·瑞的"新教师计划"(以及美国教师素质委员会)有关联。"新教师计划"旨在实现私有化、拆散工会、实现按考试成绩定薪资、结束教师终身制、引进受教育和经验少的教师。设定这些目标的是米歇尔·瑞、美国教师素质委员会、韩努谢克、费恩、彼得森和隶属于胡佛基金会、福德汉姆基金会、美国企业协会、美国传统基金会等右翼智囊团体。[32] 为服务于这些目标,他们花招迭出地篡改数据,或者对数据完全视若无睹。手中操纵着作为"共同语言"的数据,这些人可以矢口否认有时是不可比较的不同价值观、历史和不同集团的利益。

马克·费舍尔在他的著作《资本现实主义:别无选择了吗?》(*Capitalist Realism: Is There No Alternative?*)中提出,遍及公立教育的新市场官僚主义造成了一种"审计文化",用来比较教师和学生的不是他们的真实水平,而是"经过审计再现后的水平和产出的比较":

> 理想化的市场应当能够带来"无损耗"的交流,直接满足消费者的愿望,无须中间力量或者管理机制的介入。但是评价劳动者的表现和衡量劳动本身有一个问题要解决,就是这些表现和劳动天然地难以

量化，所以无可避免地需要使用额外的管理方式和官僚体系……因而难免出现短路，工作只是为了摆样子、秀成绩，而不是为了这份工作的原初目的。[33]

一旦数字化考试结果在新市场官僚体系中成为教学的终极目的，就像费舍尔所说的那样，"如果学生不如以前那么有技能、有知识了，其中的原因不在于考试本身的质量，而在于全部教学都围绕着考试而进行。学生一心为考试做训练，如何还能专心去研究课程。"[34] 费舍尔提出，现在越来越多的精力被用在制造"成果"、表现"成果"，因此教育界忙于对考试数据做手脚，而不是提升教育的质量和深度——不关注教育过程本身。

实证主义的动力来自于哪里？西奥多·阿多诺对此的理解是，因为社会充满市场交易，所有的东西都被拿来等值交换，世界被抽象化和异化，在这样一个世界里，具体可见的所得就令人向往。[35] 现在的教育体系不同以往，它受到的控制越来越多，越来越注重结果，以至于任由数字决定一切。但是我们的政策实施效果却与实证主义一厢情愿认为的（在特许学校和教育管理机构中得来的）实证依据相悖，公立教育的目的在这些控制导向、结果导向的官僚改革中无人问津，资本主义被描述成唯一的经济、政治和文化的竞技场，私人参与基础上形成的政策堂而皇之地得到正名。费舍尔指出：教育企业化改革要实现的成功，就是以公共关系的形式出现的学校教育，人人都对其中的虚假心知肚明，但谁都不挑破、不抗拒。特许学校和教育管理机构提供的考试成绩单逊于传统公立学校，或者与其持平；处于审计文化中心的人（例如投资慈善家盖茨和布罗德）因此改变了审计的标准，将原来的标准化考试分数替换成毕业率和升学率数据。[36] 公共对这些政策之所以认可，关键在于不断形成的教育方法限制了主体的意识形态，并且形成一种社会风气，对质疑审计文化和新市场实证主义的人报之以讥讽冷漠。

官僚作风已经成为企业化教育改革过程的核心部分，对官僚作风的批评需要我们审慎思考。大多数教师和管理者在学校中所经历的，是打着市场效率的旗号培植和繁衍起来的新市场官僚体系。费舍尔对新市场官僚作

第三章 不是官僚，胜似官僚：教育企业化改革中的"新市场"官僚作风

风提出了一个简洁而有力的抵制方式：让新自由主义兑现他们去官僚化的承诺。换句话说，我们应当认真对待新自由主义革除官僚风气的意愿，但是把这种愿望矛头对准市场驱动的审计文化，在教育领域，就意味着向市场官僚体系和日益蔓延的对教育成果数字化的疯狂追求开战。新市场实证主义随"全球知识经济"应运而生，并且提出了两个论点。首先，声称考试成绩［例如经济合作与发展组织（OECD）国际学生评估项目（PISA）的阅读、数学和科学测试成绩］具有全球范围的普遍价值，然后据此断定，公立学校已经彻底失败，并且将以下问题也归咎于公立学校：一是当今的资本主义社会无法提供足够的就业机会，低迷的学习成绩预示着美国未来堪忧，因为其他在测试中与美国一决高下的国家正威胁着美国在经济和科技方面的霸主地位。然而，有一篇题为《美国学校仍然世界领先——遥遥领先》的商业界文章则认为，不管是关于国际测试成绩比较还是科学和工程方面学生基础情况，抑或是对美国学生沉迷社交、无心学习，[37] 诸如此类关于美国公立教育的定式思维并无确凿依据。维微克·韦德华（Vivek Wadhwa）说得很有道理，美国和其他国家之间的差距可以忽略不计，但是美国学生内部类别相差极大（美国有"弱势少数族裔和缺少技能的移民"），而美国学生在全世界的科学和阅读方面仍然领先，在数学方面仅次于日本。"全球化经济"的第二个论点是，既然公立学校"无可救药"，不管有没有能表明改革提升考试成绩或降低管理成本的依据，都必须进行激进的市场改革（例如特许学校等其他私有化形式、教师工资与学生成绩挂钩、破坏教师工会）。这些由美国教育部长、投资慈善家们以及大众媒体等各种机构不断强调的论调说明，当我们谈及依据和实证数据，真相和当权者之间的关系已经发生转变，对新市场实证主义发挥了关键影响。

实证主义的逻辑在教育的辩论中压倒其他声音，要求凡事皆须在明确依据的基础上论证。然而实际上，改革的实施主要是通过树立市场观念和比喻，这些观念和比喻通常与提倡者们所赞扬的依据背道而驰。不管是特许学校、营利性管理公司、教育券、所谓的投资组合校区，还是"不让一个孩子掉队"，或者像"力争上游"这样的竞争性项目，实施的基础都绝非扎实的依据，而是市场的鼓吹。新市场实证主义最引人注目的特征包括

以下几个方面：以理性面目示人的非理性甚嚣尘上，新官僚体系打着效率的幌子，审计文化和不负责任却以问责形式出现、声称保护自由和机会，实际上却是压迫性的人身控制、等级机构控制到处蔓延；以培养有创造力的工人和经营者为借口，推行反智主义、摧毁创造环境；借口培养卓越人才，贬低思辨过程、好奇心和沟通对话。新市场实证主义的核心观点有些经不起推敲，因为它采取的措施很少是出于对实证依据的迫切需要或梳理概念的需要，而是为了扩大精英阶层的控制，需要时才祭出相应的依据。企业化官僚体系正在教育领域生根、蔓延，而美国金融界认为，企业中的官僚体系已经得以收敛。《华尔街日报》编辑艾伦·莫瑞 2010 年 8 月提出："企业官僚作风这个说法已经过时了。"[38] 金融界迫使教师、学生、管理者和公民就范于企业文化的羁绊，与此同时，在商业行为中，商业机构为更多盈利而摒弃的做法，却被搬到了教育领域。

占主导地位的教育改革中的新市场实证主义

当今占主导地位的教育改革从企业文化和私人领域的管理、增长和质量等观念脱胎而来，其核心要素是实证主义。以下教育话题内容中，我们可以发现标准化考试无处不在的主导地位："不让一个孩子掉队"计划、《改革蓝图——对〈初等与中等教育法〉的重新授权》、"力争上游"计划、推动增值评价、创立数据库跟踪项目以对教师的提分作用进行历时衡量、将教师评估和薪酬与标准化考试成绩挂钩、强制推行"城市投资组合学区"、通过立法手段让教师工会形同虚设，以及有恃无恐地让企业管理人员越过职业教育者和教育研究者，插手学校改革、媒体企业对教育问题和解决方案指手画脚。标准化考试同样也是推进特许学校和营利性教育管理公司发展这个过程的核心因素。

就标准化考试而言，这些占主导地位的改革措施异曲同工。跟常规标准相比较低的考试成绩被拿来支撑改革政策，例如"不让一个孩子掉队"项目使用的递减融资方案，"不让一个孩子掉队"和"力争上游"力推企业化改革的"大整顿"，这两个项目导致的学校关停，以及学校私有化。企业化改革者们祭出"客观性"标准化考试的法宝统率企业化改革,而这种改革却缺少分析或者实证的支撑。这所谓的客观性让公立学校接受苛刻的审视,但是改革者们所提的措施却逍遥于这些标准的束缚之外。究其实,特许学校、"不让一个孩子掉队"、营利学校的成绩其实才真是"彻底失败"了的企业化教育改革形式,因为这些改革根本无助于提升标准化考试成绩,另外也没有证据能够证明教师整顿和投资组合学区取得了理想的效果(参见第二章)。投资组合学区的模式是从股票的投资组合模式照搬到教育里来的,管理者就是股票投资者——这种模式辩称,用来证明它的有必要实施的标准不能接着用来衡量它是否取得了成功。

对照发起者们自己(关于提升考试成绩)的说法,企业化教育改革是没有成功的。如此一来,发起者们就给出了两种反应,一种是无视现状、嘴硬到底。制定政策的那些精英人士,包括美国教育部长、投资慈善家们、特许学校机构和右翼智囊团等一直都在错误地断言,特许学校和营利性教育管理公司已经取得成功,必须将"不让一个孩子掉队"政策继续推广下去(虽然做了微调)。另一种反应,就是改变游戏规则。特许学校无法证明自己可以提高学习成绩,缺少测试依据作为底气的情况下,很多教育政策制定者出面提议改弦更张,换用别的方式来确认:特许学校其实成绩斐然。查尔斯·莫瑞(Charles Murray)是一名优生学家、哈佛教授、《正态分布》(*Bell Curve*)的作者之一,他在《纽约时报》的一篇文章中明确写道,应该改变对特许学校的评价方式。[39] 看来,设立特许学校的原因,也无外乎公立学校可怜的考试成绩,但是在分析特许学校表现如何的关头,当初设立它的标准却又忽然不合时宜了。同样,致力于公立教育私有化的重塑公立教育中心的领军人物,华盛顿大学的保罗·希尔(Paul Hill)在开设投资组合学区的报告中说,衡量特许学校和其他教育私有化形式是否成功的标准,应该是这些改革是否得以实施,而不是成绩是否有所提高。[40] 比尔和梅琳达·盖茨基金会是特许学校、学区和辅助机构在地方、各州和国家级别得以启动的最大投资方。特许学校运动的成败至今难以定论;而自从它成为"力争上游"和"不让一个孩子掉队"联邦教育计划的核心元素以来,盖茨基金会负责重新授权事务的人从未承认过,现有的依据无力证明它数十亿美元的投入是值得的，反而持续大笔注资给特许学校和其他与标准化考试紧密关联的改革形式。例如，这个基金会正在努力推广增值评价，将其与教师工资挂钩，以视频监控方式进行增值评价。这些改革旨在归结出提升考试成绩的真经，并且还要推广到无数教师身上去。

教育的目的是实现社会公平，这种话语因市场行为而再次得到传播，也是新市场实证主义的呈现。前任美国教育部长阿恩·邓肯曾多次讲道，教育事关最重要的社会公平和公民权利，实现考试成绩衡量的教育公平和私有化可以对症解决历史遗留下来的不平等问题。跟他持相同意见的人不少。盖茨和布罗德基金不遗余力地推动考试基础上进行的改革，尤其是学生成绩跟踪数据库，对此的解释是借此"缩减学生成绩之间的差异"。邓肯、盖茨、布罗德和其他新市场实证主义的拥趸对知识、自我和社会的理解是相近的，在他们看来，知识是用来传授的，学习者只需要接收，不需要回到知识生成或者阐释的环境去理解知识。换句话说，后人不需要了解生成知识的人曾经处于何种主观境地、后来知识又是在什么客观环境下得到某种阐释。在这种静态的知识观之下，个人只需要积累知识以形成"可以测算的成绩"，采取工具性的行为以实现经济利益。如此来看，对于新市场实证主义来说，实现社会公平的途径不是重新设计社会结构、影响社会成员的集体行为和愿望，而是纯粹个人追求，通过在规约下消费已经规定好的知识，创造个人被社会接纳的可能，而这个社会的秩序，他们想当然地认为，是基本公正的。当然，我们通过国家行政力量，可以控制社会民主福利，改善资本主义的财富和收入不平等造成的毁灭性效果和严重的冲击，进而改变经济以实现社会公平，跟前面这个事实没有太大关系；使生产和消费之间的关系更加民主化，从根本上转变资本主义的政治统治，跟本书里所说的也没有太大关联。新市场实证主义对社会公平的概念也无关乎维系民主社会关系的诸多关键要素，包括价值观异见、对话协商等。相反，他们对社会公平的理解给人一个单一的价值观：在经济方面，个人必须融入企业化经济体系当中。

随处可见的"学生成绩""成绩差异"等说法以及风行于政坛的"缩减成绩差异"的口号都有一个前提，就是学习成绩是由标准化测试来衡量的。知识本来就是因文化而异,而"学生成绩"这个名词剥除了知识的文化和阶级的特殊背景,依据"学生成绩"概念,学校设立标准,依照标准对比、排序,同时否认知识包含政治,并且决定考试如何选择知识、搭建知识框架。成绩差异说明的是种族和民族群体对教育的影响,只提结果、不提影响因素,更加严重地否认知识包含政治。由于文化帝国主义和殖民主义的遗毒,标准化考试制作中无人在意、无人承认种族和民族文化的差异,但是,这些差异又会被当作事实依据,拿来要求考试必须使用、表现那些经过指定的知识。[41] 在教师教学生分析、学生学会分析的情况下,能够形成开放式教育的基础,能够对照个人和团体的社会地位来理解事实;而今因为市场实证主义的文化观,在这样的教与学的核心的影响下,文化差异和关于文化差异意义的斗争都不见踪影。相反,新市场实证主义视角下的文化差异只被视作需要克服的障碍,因为所有学生都要接受统一的教条。

两层分化的教育体系中的新市场实证主义

包括大卫·赫施、桑德拉·麦提森和马克·盖瑞森(Mark Garrison)[42] 在内的很多人都在着力强调,不论是对于公共教育的历史斗争,还是当前的新自由主义教育改革,核心话题都是标准化测试。紧随私有化而来的是试图将公立教育转变为私有市场的努力,其目的是从根本上终结公立教育。

内奥米·克莱恩(Naomi Klein)将公立教育私有化的转变称为"灾难投资"(disaster capitalism);大卫·哈维(David Harvey)称其为"剥夺式积累"(accumulation by dispossession);我将其称为"乘灾而入""先砸后抢的私有化"。宣称教育体系失败、出现危机,都是为了实现蓄谋已久的私有化动机,因为他们知道,时不我待。声势浩大的私有化趋势在迅速扩张的特许学校运动中尤其明显(特许学校直接冲击教师工会、教师工作、阻碍教育成为批判的、学术的工作,是私有化运动的开路先锋)。除特许学校外,还包括不断进行中的教育券、"力争上游"项目,以及投资慈善家们有组织的行动、[43] 新自由主义智囊团、协会和政治组织,还有美国一届又一届始终以企业视角分析教育改革的美国教育部长和他们的官僚班子。

这些组织和个人正在迅速摧毁教师工会，卡特里娜飓风后的新奥尔良教师工会就是一个例子。这个大规模的新自由主义私有化实验通过私有化特许学校的网络再造学区，现在正在路易斯安那州全州蔓延。路易斯安那州州长鲍比·金德尔（Bobby Jindal）、州教育局局长保罗·帕斯托莱克（Paul Pastorek）、灾后恢复学区首席执行官保罗·瓦拉斯等人都力图提高表明公立学校落后的数据，以便能够宣称公立学校"遭遇失败"，必须关停、替换成私立学校。力推私有化的人对教师教育和以学术研究为依托的教师资格认证、地方学校董事会、社区管理十分反感，他们青睐的，是反智的现实主义、教师去技能化，以及未经证实的基于市场的激进改革。

教师工会、教育研究者、教师和关心公立教育的所有其他人都应该明白的是，只要对教育高低质量的标准仍然被局限在所谓的、客观可量化的"学生成绩"概念中，公立教育就难逃被解散的命运。

公立教育私有化的目的，是将目前两层分化的教育体系转变成另外一种两层分化的教育。目前的双层教育体系中，富有白人社区的精英公立学校为经济金字塔的塔尖培养经理人、领袖和职业人士，而从来都在资金方面捉襟见肘的穷人、劳动阶级、有色人种社区的公立学校则为经济金字塔底部的艰苦职业培养逆来顺受、循规蹈矩，甚至会被经济发展排斥在外的劳动力。新自由主义和自由主义口口声声在讨论危机和失败，公立学校的行为与弗雷勒、布迪厄和欧曼等人预计的毫无二致：这些学校把不平等现象说成是个人品质或天赋有别的结果，将其洗白、合理化。[44]新自由主义私有化改革维持了双层体系，不去触动精英公立学校，而主要针对贫困地区学校和有色族裔学校，通过多种渠道，将其转变为短期获利的途径。帕特里夏·柏奇（Patricia Burch）所说的[45]教育服务外包、测试和辅导等一系列行为与营利性管理和特许学校以及其他私有化辅助性营利手段形成合流，例如将特许学校推销给潜在的"买家"，借此机会，以广告的形式截取公共资金，以及特许学校带来的利润丰厚的房地产买卖。[46]目前，双层教育机制的低端给投资者提供的是一个延迟受益的投资机会，因为这一端培养的是低收入、低技能、服从管理的工人，将来等着他们的去处，不是营利性的监狱就是军队。私有化把持或操控双层教育体系的低端，统治阶级和职业人士从公共领域攫取大量短期利润，而不付出任何努力去帮助公立教育结束两层分化的现状、实现整体水平的均一。对于私人投资者来说，收益一方面体现在短期内就可以获得大量来自公共税收的教育经费，另一方面，长期以后，这样的教育给他们提供了可供剥削的劳动力。此外，重复获利还让志得意满的投资家们感觉良好，认为是自己给贫穷学生提供了公平的、改变命运的奋斗机会。阶级之间的流动日益艰难、失业率上升、财富和收入分配不公愈演愈烈的今天，经济不平等已经转移到了学生身上，按照托马斯·弗莱德曼的说法，他们应当具备越来越强的创业精神，才能抢到越来越少的饭碗、保住这些饭碗。资本主义经济的暴力因此转移到了最无助、最弱势的群体——儿童身上。在我写这本书的同时，美国还有五分之一的儿童要靠政府发放的食品救济券才能活下去，儿童无家可归的人数还在蹿升。[47]我们的目标不应该是复制一个有利可图的双层教育体系，补贴富人帮助他们更富有，从而让富有的那层仍然保持公立、贫穷的那层彻底私有化。我们的目标应该是终结这个双层教育体制。但是，标准化考试、数据库跟踪、课程和教学法标准化等这些新市场实证主义的招数让它盘踞在新型私有双层教育体系的中心。对学生的分类和筛选日益严重，数字造成了一种毫无歧视的假象，掩盖了物质和象征权力分配中的不公平。要改变这些实证主义的教学和学习方法，需要在教育中实现民主，例如推行批判性教学法。接下来的一章，我将分析自由派阵营对企业化教育改革的反应，内容包括文化理论如何为批判企业化教育改革提供了核心理论，以及如何催生了近来勃兴的民主公立教育形式。

第四章 民主教学法抵制教育企业化改革的关键作用；自由主义者如何导致状况恶化

十年多来，我和其他秉承批判传统的左翼学者[1]如亨利·吉鲁、迈克尔·艾普尔（Michael Apple）、罗伊斯·维纳（Lois Weiner）、大卫·贾巴德、乔尔·斯普林（Joel Spring）、韦恩·罗斯（Wayne Ross）和大卫·赫施等从未停止对公立学校教育企业化的批判，指出右翼对教育的冲击与新自由主义倾向和企业全球化之间存在的关联。然而，从20世纪80年代到2010年，还是罕有美国人能够意识到美国的公立教育是如何在企业的模式下被篡改的，也甚少有人能意识到，从本质上说，企业化教育改革家们的计划是要将教育这个美国最大的公共领域之一转变成私有产业。但是，到2010年前，政策领域不断有依据显示，从企业化教育改革的提倡者们自己提出的两个标准（考试成绩和管理费用）来分析，企业化教育改革无法兑现承诺。[2]与此同时，为粉饰自己的成果，大量公关和广告攻势扑面而来，其中包括三部纪录片：《等待超人》（*Waiting for Superman*）、《摸彩》（*The Lottery*）和《教育卡特尔》（*The Cartel*）。每部片子都将公立学校描述成"气数将尽"、急需市场方案拯救。前面两部纪录片将美国的贫困现象归结于学校管理水平低、教师素质差、教师工会作梗，并高度赞美私人管理的特许学校；第三部纪录片则把公立教育的所有问题都推到了教师工会的头上。除这些影片之外，还有许多电视节目一起推波助澜（尤其是NBC的节目），内容也大同小异，比如公立学校行将就木、私有领域改革才是唯一出路。

第四章　民主教学法抵制教育企业化改革的关键作用；自由主义者如何导致状况恶化 | 79

一项又一项的研究表明，作为企业化教育改革的核心支柱，特许学校的考试成绩跟传统学校比较起来相形见绌，[3] 加深了种族隔离[4]，增加了学校经费压力，将成绩拖后腿的学生赶出校门，[5] 抢夺了公立学校的资源，而并没有找到企业化的美国教育出路在哪里，同时还扰乱了社会状态，[6] 特许学校赖以维系的慈善捐助难免中途断流，[7] 其管理远不如传统学校稳定。[8] 这些研究成果一发表就有媒体立即展开闪电攻势回击。在研究发现营利性企业管理学校的实验并不能产生优于传统学校的考试成绩、管理费用反倒高于传统学校之后，为企业化改革辩护的媒体动作也紧锣密鼓地登场了[9]。亨利·吉鲁曾经强调，与公众对立的媒体攻势到来之前，发生了史上最大规模的公共领域对私有领域的紧急救助：公众要违背自己的意愿，举全国之力去拯救某些企业（尤其是金融和汽车业），挽其狂澜于既倒，两年之内，这些企业果然起死回生，利润增幅创下历史最高记录；而与此同时，失业率不停蹿升，政客们的目光盯上了公有领域的劳动者、工会、为公众奉献了一生的公职人员的养老金和医疗基金。在媒体领域，全国的人都乐此不疲地声讨教师，把全部问题都推在教师身上。不管是托马斯·弗莱德曼的《纽约时报》专栏还是美联储主席本·伯南克（Ben Bernanke）[10] 对总统奥巴马的"60 分钟访谈"所做的评论，[11] 他们的观点都是，教育应对经济的困境承担起全部责任，解决飞涨的失业率问题。弗莱德曼认为，除非教师培养出有创业精神的学生，学生才能在企业中创造利润，而免于失去工作岗位的结局[12]；大规模解雇工人，既不是因为资本主义结构的现实缺陷，也不是因为缺少社会保险体系，甚至都不是因为政府没有做出公共就业安排。都是教师的错。[13]

这种论调其实是与企业的现实脱节的（比如说，按照这样的逻辑，创业简直不需要什么资本支出）。的确，正如《华尔街日报》编辑艾伦·莫瑞所坚持认为的，企业形式的管理受到官僚惰性的负累，导致组织管理模式无法应对变革。[14] 他分析了维基百科和开源操作体系，认为它们都是不具备等级企业管理体系而仍然发展良好的例子。但是，尽管华尔街发现，企业化管理的鼎盛时期已经过去，可以准备退出历史舞台了，保守人士和数量惊人的自由派人士还是认定了公立教育需要大规模的企业化管理改革。无论如何，公共媒体和决策圈子里的意见就是：因为市场总是高效的，所以学校应当接受企业形式的管理和组织改造。当然,公共机构——包括公立学校——肩负服务于公众的根本任务,跟以营利为目的的私有机构不可同日而语。然而,在标准的新自由主义言论中,公共领域被视作私有领域,它的存在,也是为了服务于私有领域。

从思想意识的角度来看,把所有问题的帽子扣在公立教育和教师的头上的确是个高招,究其实,是新自由主义经济教条造成了脱离常规、私有化和资源抢夺战,而如此一来,新自由主义跟经济危机和危机的后果就毫无瓜葛了。自由主义者无力应对新自由主义的要求,并且倾向于认为公立教育并无政治干扰、中立客观,这两点都配合了右翼掠夺公立教育和其他公共服务的野心。如果像自由主义人士越来越相信的那样,唯一亟待解决的问题只是知识传递的效率问题,旨在培养有用的工人和消费者,那么教学任务外包、私有化和脱离常规都值得一试。[15] 毕竟,要解决教育拨款极其不公和种族隔离这些根本性问题实在都太棘手了。[16]

2010年,戴安·拉维奇的著作《美国教育体系的存亡》(The Death and Life of the Great American School System)登上《纽约时报》畅销书榜单,让更多民众意识到了企业化教育改革攻城略地的程度。拉维奇曾在老布什总统执政期间担任教育部长助理,同时,身为地位很高的右翼智囊团成员,她参与规划企业化教育改革,力主私有化。但她在2008年前后与美国教师联盟下属的纽约教师联合会主席、后来的教师联盟主席兰蒂·温加滕(Randi Weingarten)密切来往,之后在政治观点上发生了一个大逆转。

在书中,她说到自己曾误入歧途——耗费多年精力推广私有化、特许学校、教育券、"择校",以及标准化选拔考试,奖励资源多的高分学生而惩罚需要帮助的低分学生。拉维奇揭示了一个现实问题:企业化教育改革实际上是在考试成绩和财政拨款两个方面玩数字的骗局。同时,她还为公立学校体系仗义执言,尤其是社区学校。不过,她又坚持说,她关心的"强化"课程始终是对的,这与文化保守主义者 E. D. 赫施所提倡的标准化核心知识课程相同。这种观点认为,教师需要将"最优秀、最聪明的人的观点"传递给学生。她公开表示怀念多元文化和民权运动之前的教育时代,认为"进步教育"的民主价值观和以公平的社会进步为取向的教育方式是带了个坏头,导致了企业化教育改革造成的破坏。在拉维奇看来,破坏首先表现在"挤压"了课程内容。她反对企业化教育改革掠夺公立教育,从激进观点出发认为,教师应当成为政治活动家,与教师工会密切携手。然而,她提出的这些课堂外的政治斗争仍然跟学生在课堂里的学习内容和学习活动毫无关系。[17]

她的立场与教育的批判传统,如吉鲁的著作相去甚远[18]。吉鲁强调:学生需要了解所谓知识来自什么样的经验和权力结构、围绕课程内容有什么样的斗争,以及教育其实具有彻头彻尾的政治属性。而拉维奇则不认同进步教育的观点,她像大多数自由主义和保守人士一样,想当然地认为教学内容是在政治上中立的。但是,她也在积极推动设立核心知识的保守主义文化规范。她的观点受到琳达·达令-哈蒙德(Linda Darling-Hammond)的认同,达令-哈蒙德是久负盛名的自由派政策研究学者,她也同样否认知识中包含政治内容,号召结束"课程之战",并且支持赫施的核心知识教学理念。美国教师联盟下属的阿尔伯特·山克研究院(Albert Shanker Institute)跟文化的右翼联袂推广了一个所谓的全国教育大纲,这个标准是由保守的自由派高官云集的全美州长协会(National Governors Association)所提出的。全国教育大纲并没有规定共同的核心课程,但是提出了与课程指导纲领脱钩的标准,因此为核心课程铺设了舞台。两个全国教育大纲团体:"核心知识"(Core Knowledge,拉维奇是该团体领导之一)和"共核"(Common Core)为课程共核标准提供了全国的教学内容大纲,因此两家测试机构争先恐后地要从联邦政府争取到一个数额巨大的全国教育大纲标准化测试业务的合同。"21世纪技能合作组织"(21st Century Skills)通过职业化的计划推广就业所需的技能,拉维奇对此抱以对立态度。长期以来她推行保守主义全国教育大纲的努力从未停止。当然,由推广全国教育大纲的这些团体所提出的标准和课程内容无助于引导学生理解很多问题,例如标准化和标准化测试为何成为巨额商机;是谁在言之凿凿地规定课程和将来的测试中哪些知识才重要,他们是如何得到这样做的社会权力;这些规则当中是不是遗漏了什么,比如下层民众的声音、被压迫者的视角;所学的知识与学生的行为之间应该存在什么样的关系,能够让他们团结一致地改变压迫人的权力结构。

尽管拉维奇对企业化教育改革的批判给我们提供了很有价值的信息，但是应该看到，长期以来，批判教育学者们对测试和私有化所进行的批判都是放在一个更开阔的语境之下的，也就是说，他们始终在不断分析社会不公与知识有何关联。在抵御企业化教育改革、捍卫公立学校和教师工会的方式上，拉维奇有些观念是错的。她的核心观点是，来自企业化教育改革最大的威胁是对保守的共核课程的威胁。她仍然认为是进步教育导致了公立教育的问题，公开表示怀念平权运动和多元文化之前的教育阶段。她对测试仍然情有独钟——只是拒斥选拔测试——而且她还笃信课程和教学法当中没有政治成分这一根本站不住脚的观点。美国投资结构私有化导致对学校的资助程度大多由该地居民的资产多寡决定，因此维持了社会的不平等。即使在为社区学校辩护的时候，她也从不对这一事实提出任何疑义。在芝加哥德堡大学发表讲话时，她坚持认为，公共税收拨款应当用来资助天主教学校，这听起来跟（她不接受的）教育券的支持何其相似。

如果说美国教师联盟主席兰迪·温加滕看起来影响了拉维奇的政治观点大转身，那么也许拉维奇也可以解释温加滕和美国教师联盟为何支持全美州长协会制定的共核标准。[19] 这样的标准化课程要求全国一张卷，深刻树立了企业化教育方式中实证主义理念的地位。既然教师和教师工会要对这个唯一的知识内容"负责"，教育过程中就再也容不下批判思考的问题，例如：是谁提出的知识？为什么？教学内容和考试内容制定者处于什么社会地位，跟更大范围的社会斗争有何关联？这些所谓真理跟学生生活经历有何关系？是什么力量和社会结构造成了这些经历？全美州长协会和阿尔伯特·山克研究院否认是在推广僵死的教学和学习方法，理由是他们提倡"关于知识的知识"，并且只是形成了一些最终鼓励"批判思维"的指导纲领。他们不仅对知识持有老掉牙的、静态的概念，认为知识像银行的钱一样可以累积，而且在积极地抵制对知识加以理论化——对知识生产、传播和调整的环境积极持续的探求。

吉鲁的著作提醒我们，因为不同的社会斗争而划分的历史时期会形成不同的经济、政治和文化环境，在某个特定环境中，我们需要对占主流地位的知识的状况持质疑态度。有可能出现与主流观点对立的知识，这种可能性不稳定，而且也需要理论概括。吉鲁认为，应当发掘学生生活经历的意义，以使其具有批判性、有改造社会的力量。这意味着，作为开启民智的基石，教育需要结合学生的经历与形成这种经历的社会环境、结构环境、系统环境一起思考。自由主义和保守力量的学习观也包括批判思维，但是只把批判思维当作解决问题的途径，而从不会像批判性教学那样将教师职责、课程和教学法理解成具有政治性、作为社会运动的一部分存在，是需要理论的，而且牢牢地与个人、群体和社会变革联结在一起。吉鲁曾经写道：

> 我认为，批判教育学的前提就是，知识和权力应当始终经受公众的讨论、承担责任、参与批判。批判教育学的核心是改革学校，培养师生去批判地质疑并探寻理论和实践、批判分析和常识、学习和社会变革之间的关系。[20]

按照学生成绩，而不是教师经验和取得的教学进步来制定教师工资标准的呼声甚嚣尘上，因此共核标准和课程对教师工会、教学的学术性质以及教师的终身教职造成了冲击。一旦教师工会和教师接受这种荒谬的评价标准，企业化教育改革就有望得逞。在这样的机制里，唯一被看重的是知识传递的效率，而且也没有任何手段能够制衡数字的淫威。如果人们接受了这些虚假的关于中立性、普适性的假设，教育外包和私有化就有了堂而皇之的依据，教育的根本目标被定义成对私人服务有效的私人传递。[21]

拉维奇关于公立教育对公民成长的话说得很感人，但是她并非诚心诚意地建议公平资助、消除学校种族隔离，或者，最重要的是，让学生在学校成为有批判能力、能改造社会和机构的公民。在她看来，阶级、文化差异和对立无非是需要克服的障碍，而统治集团的知识、技能、性情和价值观才应当推而广之，成为每个人追随的标准。拉维奇代表了文化保守主义者对财政保守主义者态度的背离，后者想要将教育私有化、破坏教师工会。尽管《现在就要民主》(*Democracy Now!*)[22] 和《国家》(*The Nation*)[23] 这两份刊物对她都不吝赞美之词，但是这两份刊物其实都没有详细认真地看懂她著作的内容，没有像吉鲁那样的学者们一样，提出更严肃的问题。[24]

拉维奇领导了"拯救我们的学校"项目的游行，该游行计划2011年夏季在华盛顿举行。作为领头羊，她的奋斗纲领是不让公立学校受到"政治和企业计划"的侵袭、不让学校再次经受种族隔离。现在的教育改革格局否认由来已久的种族隔离现实、否认公立学校的政治倾向。此外，企业化教育改革的定位是接近"政治性的"（左翼）教育改革日程，与拉维奇及其自由派队友所认为的中立性相反。拉维奇为实现追求采取了群众运动的形式，但是街头运动的政治和教学法、课程的政治毫无关系。她捍卫的公立体系建立在大量的不公平因素之上，必须进行改造。但是如果这种改造想要做到民主公正，就必须避开新自由主义的企业化冲击和拉维奇、赫施等人的文化保守主义，吸收批判性教学方式、批判的课程概念。吉鲁认为，

> 科尼利厄斯·卡斯托里亚迪斯（Cornelius Castoriadis）提出一个很有远见的说法，他认为，要保持活力，任何民主政权都需要培养有批判思维能力、质疑现存的体制、要求个人权利、承担公共责任的公民。这种情况下，批判教学法是公民教育的另类形式，受教育能够提供与主流相对的知识、技能和理论工具，帮助理解权力的运行机制，寻找干预权力运行和效果的可能性。但是卡斯托里亚迪斯还认为，公民教育必须同时创造新的斗争场域、创造具体的条件，让人们作为管理体系的一部分，有机会在社会领域政治参与中运用自己的批判能力和技巧。[25]

达令-哈蒙德像拉维奇一样，也对企业化教育改革的开展（她的用词与此不同）持批判态度，尽管这个批判态度是比较温和的。在她看来，企业化教育改革强调选拔考试、私有化、解除教师工会、贬低教师资格认证和教师继续教育、以网络教育取代教师。达令-哈蒙德捍卫公立教育，为应对企业化教育改革的冲击提供了一些借鉴，但是这些可资借鉴的观点有很大的局限性。2011年2月26日，《芝加哥论坛报》发表了一篇题为《下一个教师合同》（*The Next Teacher's Contract*）的社论，文中就教育相关的

问题对新当选州长拉姆·伊曼纽尔（Rahm Emmanuel）提出了建议。这篇评论关于教育、教师工会和公共领域的立场与威斯康星州州长斯科特·沃克（Scott Walker）的观点如出一辙。《芝加哥论坛报》呼吁延长学校时间、削减用于教师继续教育或深造的经费、以网络教育取代教师、以学生考试成绩而非任职年限确定教师工资、结束终身教职制度。达令-哈蒙德的著作《平面世界与美国教育》与这些要求针锋相对。她解释道，那些高分数国家里，教师学习和职前准备的时间相比课堂授课时间是增加了而不是缩短了。现实是，美国教师的授课时间全球第一，他们迫切需要进修学习和职前准备，但是这些时间受到了授课时间的严重挤占。[26] 在高分数国家，新入职的教师花大量时间带薪接受老教师的传授，所有教师进行集体备课。仅仅拉长学生在校时间而不理智地利用时间，结果只能导致教育质量低下。达令-哈蒙德还指出，高分国家教师全力支持教师取得资格证、继续进修，北卡罗来纳州和纽约有大量实例证明，要求教师取得资格证、至少两年教学经验和扎实的学习经历都使得教师素质获得大幅度提升。所有对教师的职业技能提升都转化成了学生成绩的大幅度提高，甚至比通过种族和家庭教育等因素实现的提升效果还好。她还提出，高分国家将科技结合到合作学习策略当中，让教师和学生都获得了更多自由去探索、质疑、批判、研究学习方法。其中没有一个国家用机器或网络教育来取代教师。在书的末尾，她还提醒读者，高分国家的教师有工会、有终身教职，教师被视作提升教育质量的建设力量而绝非破坏力量。研究结果能够证明，按照学生考试成绩定教师工资的政策过于强调考试成绩、压缩课程内容、窒息批判思维，[27] 因此存在很大的缺陷。在教师职业朝不保夕的情况下，学校难以吸引优秀的教师、难以对他们提出建议，有经验的教师会走马灯一般难以留存。哈蒙德认为，把终身教职和工龄制跟教师资格证和扎实的教育能力学习过程结合起来，是提升教师的素质的关键因素。

尽管哈蒙德的著作反击了《芝加哥论坛报》想当然的一面之词，反击了多家大众媒体的集体攻势，以及多个州右翼人士对于教师工会和教师的冲击，但是她的著作跟拉维奇的著作一样，并没有分析文化政治和政治经济之间的瓜葛。哈蒙德强调教师的培养过程和职业化，但是确认教师素质优劣的最终标准，还是标准化考试，而不是通过诸如批判教育项目改造社区、参与政治的学术群体的发展以及社会运动等因素。"教师素质"最终只能靠标准化考试成绩来定，不管是当下推行何种教学内容，还是为了培养有批判性的社会成员、由他们来对社会进行吉鲁所强调的民主转变，公立学校为何、又是如何肩负哪些使命，诸如此类的问题，都无法挑战撼动"强化的课程内容"和"学生成绩"这两个令人费解的黑匣子。达令－哈蒙德和拉维奇都呼吁超越"课程内容之战"，希望教育者们能够接受据称是专家设计的、公允的课程内容，其原因是专家们都令人难以置信地置身于权利和政治之外。既然公立教育的运作旨在让教育对象得到企业主导的现存经济体系的接纳，得到部分人把持的、充斥贿赂选举的民主体系的肯定，那么，公立学校的教学内容和教师的所作所为根本不会去挑战现有的不公正社会权力结构。

拉维奇和达令－哈蒙德并未触及企业化教育改革最令人不安的一些方面。与这些方面相通的，是自由主义者不想提出的更深层的结构性问题，是他们和许多倾向于运动的左翼人士经常避而不谈的阶级和文化的斗争。这些问题和斗争无可避免地与文化政治和政治经济问题的交集掺杂在一起。亨利·吉鲁始终在勇敢地审视这个交集，多年来从未松懈。最重要的是，吉鲁的著作总是将关于教育的斗争和其范围之外的阶级、文化斗争联结为一体。[28]

他分析知识的形式与权威的表达之间存在何种关系。他强调学生必须学会从自己的经历和社会语境中归结出理论，掌握能够解释、描述、重新塑造个人和社会现实的新语言，他的呼吁并不是空洞无物、不切实际的。恰好相反，当今最有影响力的公共课程设置在很大程度上是由企业大众媒体意见塑造的，要让学习者能够拥有分析这些公共课程的方法，理论在公共生活的参与中不应缺席。自由主义者和保守主义者们持适应承受的观点，他们对理论避而不谈，这不是巧合，而是因为理论是对使用"最好的方法""有效传递""实际知识"的大敌。

拉维奇、达令－哈蒙德和大部分以改革为导向的自由主义教育研究者们之所以批评标准化测试，因为标准化测试"发展过了头"，"导致课程内容被压缩"，或者是被错误利用来延续了资助的不公正问题。这样来看，测试从根本上来说是一个技术问题，拖累了政治中立的知识传递。吉鲁的早期著作借用了法兰克福学派的批判理论[29]和保罗·弗雷勒的理论，强调标准化考试和课程标准化其实是彻头彻尾的政治行为，却否认自身在构造中的政治性和对知识的选择，因此掩盖了决定其框架和知识选择的基础理念、价值观和思想。自由主义者、左派活动家和经济马克思主义学者们均未能充分领会到教育中的文化政治问题，因此无法应对课程内容的辩论，无法分析所谓真理和背后的利益与价值观之间的关系。

以达令-哈蒙德为代表的自由主义者否认课程内容中包含政治，但是这样的观点却往往带来令人愕然的政治立场。举例来说，在达令-哈蒙德最新的著作中，她认为，美国的帝国地位应该屹立不倒，提醒读者："我们不想像罗马帝国一样倒塌。"她认同新自由主义对于公立学校的定位：服务于一国的全球经济竞争。由此我们可以看出，作为自由派政治思想的领军人物，她在平等教育拨款、投资、教师培养和去种族隔离等方面的所有自由派立场都可以用一套右翼的观念来概括：在企业主导的资本主义经济中，教育就是为了竞争而存在的，学校是为了让更多学生融入现存的社会秩序，而不是培养有批判力的公民，让他们挑战这个秩序、改造这个秩序；学校教学内容与维持帝国主义军事复合体的政治和道德价值观毫无关系。应当记住，达令-哈蒙德的书名《平面世界与美国教育》是向弗莱德曼的著作《世界是平的》致敬，因此达令-哈蒙德的书其实认可了弗莱德曼的新自由主义观念，认为我们的世界处于企业化管理之下，需要美国的军事机器来维持秩序（弗莱德曼曾说，"没有麦克唐纳将军、没有F-15战机，你就别想坐下安心吃麦当劳。"）[30]

吉鲁对此的观点截然相反。他认为，我们有必要重塑学校教育和教学法，让学生成为世界公民、实现全球民主：

> 要实现全球民主，我们应当知道，生活的方方面面，物质、精神、文化等都是互相关联的。也就是说，要深刻理解全球各个领域的内在相关性，不论是生态环境还是资本流通，一概如此。世界公民的忠诚

应该超越国界、超越理论意义的国家范畴的敌友关系。我们很清楚，具备公民身份就是得到了赋权，意味着公民能够批判地反思历史，重新思索知识曾如何让人认识自我、从事批判、参与社会治理。在公民得到赋权的过程中，知识不仅仅是知识本身那么简单。[31]

包括达令-哈蒙德在内的许多自由派人士认为，他们可以把自己的自由主义要求用新自由主义的论点包装起来，比如强调经济竞争，以说服新自由主义派人士和其他财政保守人士。然而他们应该想一想，新自由主义智囊团对重新分配教育资源无论如何是不感兴趣的。如果对教育加大投资，他们希望自己处在顶端，而不是底端。自由主义人士们始终不明白的是，这个社会充满了阶级和文化矛盾。吉鲁对此的了解非常透彻，他一直强调，政权要保持统治，就需要在教育上下功夫。此外，达令-哈蒙德的自由主义观念对新自由主义的价值观是有吸引力的，原因在于，她想当然地笃信一个在道义上说不过去的想法，认为全球经济中，有胜者就必定有败者，败者就应该在血汗工厂里给胜者生产手机和服装，天经地义、合情合理，而不应该是反过来胜者为败者做出牺牲。投资慈善家们和自由主义政策专家们成天挂在嘴上的教条是教育以实现就业和高等教育为唯一目的，这样的教条对于失业问题完全不闻不问。吉鲁曾经指出过这一点。对公共当中已经发生迁移的关注要点，例如教育经费问题、公共服务和医疗服务等条款、创造就业等，都需要社会运动和其他形式的公共参与，而那些教条对此也完全漠视不理。吉鲁曾经不厌其烦地指出，公立学校是公民形成批判力、掌握思维工具的关键场所，将来他们才能凭借这些参与政治活动、以集体行动为真正的民主做出铺垫。

吉鲁的著作对教师的定义是有改造力的知识分子，对学生的定义是有批判性的公民，他们都是通过社会机构扩展民主社会关系的一部分。为数不多的学者在研究教育企业化和美国的强权文化之间日益增加的关联性，吉鲁是其中之一。他强调，要增加民主，就需要跟所有形式的强权主义和原教旨主义进行对抗。他的著作坚持认为，必须承认包含学校和大众媒体在内的教育机构的教育能力，以及个人和群体在知识生成过程中起到教育作用和政治导向作用的可能。他的观点建立在葛兰西理论的基础上，强调教育总是有政治性的，政治也总是依赖教育的。这样看来，一旦公立学校沦陷于企业的控制，必将致使公立学校成为生成企业知识、消费主义泛滥和反民主的社会达尔文主义滋生的又一场所。同样，他还认为，着眼于公立学校未来的政治斗争本身是一个教育问题，其隐含的价值观与其他社会斗争息息相关。

达令－哈蒙德和转变立场后的拉维奇代表的自由主义立场将教育和文化去政治化，以他们的观点完全无法解决理论之外的至关重要的民主问题，无助于培养有批判力、善于思考、努力参与社会治理的公民，但是却迎合了贪婪攫取的企业化目标。跟广告驱动的媒体企业一样，教育管理企业、教育管理计划都实行自上而下的等级管理，因此注定了要将知识和问题置于适合所有者利益的思想框架之内。公立学校是价值观和知识的必争之地，因此始终会存在吉鲁在著作中所提到的那种批判性教育方式。私立学校的课程内容通常是预先圈定的、保守的、工具性、自上而下约束的，将政治和教育的斗争拒之门外。自由主义者将教育降格为知识传输，将知识进行具体限定，抬高标准化课程和标准化测试的地位，想要取消公立学校作为必争的公共领域的性质——因此他们陷于与右翼之间的数字比赛，在这场比赛中，自由主义对新自由主义的唯一回应就是：只要拨款充足、方法得当，基于考试的教育质量就能提高。如此看来，知识和真理跟利益、思想体系和社会斗争毫无关联。这种想法等同于认为职业阶层的公立学校至臻完美，是贫穷地区公立学校应该奋起直追的典范。

能够得到大量投资的公立学校主要服务于白人为主的职业人群，确实有值得称颂的地方，但是事实上，这些学校无处不在而又从不公开承认的政治纲领令人扼腕。它们想当然地认为阶级和文化知识都是中立普世的，因而在道德上自鸣得意，但是它们根本无法解决公共问题、人类压迫、社会体系制造大量特权和市场导致的极端贫困、生态崩溃、大多数人政治权利被无视等社会弊端。理查德·卡伦博格（Richard Kahlenberg）和理查德·洛斯泰因（Richard Rothstein）号召推广"中产阶级"学校和阶级融合的教育，但是这种想法其实无关乎当前教育界所制造和推广的所谓"优秀"。换言之，自由主义者称颂的精英职业阶层学校教学标准缺乏批判性，无法把知识的寻求放在更开阔的社会结构中开展，亦即在吉鲁的著作中清晰阐述的权力、意识形态、主题塑造、政治参与。

达令-哈蒙德和拉维奇等自由主义者和保守主义者之所以也呼吁批判思维，是因为他们将其视作解决问题的技能，而批判教育将权力、政治和道德置于中心话题地位，使其紧密结合了教学和从不中断的理论参与，他们对此持拒绝态度。当自由主义者和保守主义者接受"成就差距"概念的时候，后果尤为明显。他们认为最有权势的阶级和文化集团的知识和思想最有价值，理应广为传播，而相比之下，另一些人的知识相对那些参照系来说价值菲薄、目光短浅，应受到羞辱排斥。在这种情况下，阶级和文化差异被当作"真知"的障碍，衡量标准就是考试。然而，正如吉鲁所说，阶级和文化差异应该成为知识的奠基石，这些知识应当具备深厚的意义、具备批判性，成为个人和社会改造的基础。[32]吉鲁的全部作品所提出的观点是，依照杜威和弗雷勒的传统，公立学校可以成为社会持续重构的场所——进一步推进政治、经济和文化体系民主化。自由主义的观点止步于让学生就范于极其不公的社会现状，因此在企业化改革来势汹汹地篡夺教育机构之时不能见招拆招，无法回应因此而生的迫切的公共诉求。

第五章 开展新型公共教育：为全球社会公平重新定义教育

前几章的内容已经清楚地阐明，企业化教育改革不仅未能达到自己设定的标准，也经不起公共和批判性价值观的考验。第四章讲述了自由派对企业化教育改革的反应。他们以拉维奇和达令-哈蒙德为代表人物，对文化政治和公立教育需要应对的全球经济和政治问题避而不谈。本章的主要内容是，批判教育者应当开展新的公共教育。本文作者认为，替换企业化教育改革的方案首先应当在公共教育中重建公立教育的根本诉求，将杜威、康茨等重建主义者们的批判教育传统和保罗·弗雷勒、亨利·吉鲁和斯坦利·阿罗诺维茨等人的批判教育学放在核心位置。另一方面，企业化教育改革的替换方案应当借鉴近来的人文和社会科学研究成果，用以支撑公立民主教育中批判性和进步教育传统的复兴。这一点是本章的核心内容。

本文作者将首先简短地分析，要实现社会公平、教育私有化和三个教育概念之间的关系。第一个是新自由主义（或叫作市场原教旨主义）以教育服务于社会公平的概念。这个概念是企业化教育改革的核心思想，目前广为接受，（尽管新自由主义者携社会公平概念以自重，但实际上却与社会公平理念背道而驰，一定程度上是因为它从公共话语中掏空了社会这个概念）[1]。第二个概念，是自由派以教育服务于社会公平的启蒙观念，它在新自由主义意识形态出现之前占据主导地位，自由主义者和许多进步主义者认为此概念优于企业化教育改革。[2] 第三个是通过批判理论性/批判教育法以教育实现社会公平的概念。在描述这三种不同的以教育促成社会公平的概念时，我强调了不断蔓延的教育私有化作为企业化教育改革核心是如何削弱了公众追求个人解放、平等、对抗暴力和压迫的愿望。在描述这三类教育理念之后，我提出，批判视角的形成促进了新的批判性公共教育以对抗新自由主义，有助于推广增进社会公平的公共民主教育。但是，在这之前要做几点说明。

首先，让教育承担社会公平的使命——似乎天降大任于教育——是新自由主义和自由主义话语再常见不过的谬误，实际上是将整体性环境和社会因素应负的责任一概推给了社会个体和家庭。环境和社会因素拥有最强的权力，而后者对于社会资源的分配，包括教育在内，却无能为力。当今环境下，将教育从其他关系到社会公平的因素剥离开来，是为新自由主义教育私有化的观点做铺垫，教育的目的只剩下如何有效提供所谓中立的教育服务。如此来看，教育私有化的用意不过是个（尚待时日以验证的）工具，用来实现教育质和量的提升、管理费用的降低。这里必须提出的一点是，认为教育的内容（包括课程、教学法、管理等）是中立的、无政治干预的，会在多方面造成误区。尽管对社会公平的期待，例如制止压迫、暴力和各种剥削、给予公众公平和自由、对社会机构进行民主管理等应该是普世的，但是教育机构始终是不同利益集团斗争的场所。要在学校培育社会公平，势必要与当地环境和权力关系以及形成该环境的结构性力量做出抗争。换句话说，要理解教育私有化问题，不仅要考虑政治经济因素（例如所有权、控制权、管理权、拨款和分配等），还要考虑教育的文化政治因素（不公平的价值交换以及知识形成过程中包含的政治）。本书作者认为，教育私有化的政治经济问题决定着教育的文化政治。

以教育实现社会公平的三种观点
新自由主义私有化和社会公平

过去三十年中，如果不了解盛极一时的新自由主义思想，就无法在全球范围内理解公立学校私有化的势头。作为激进财政保守主义的一种形式，新自由主义也被叫作"新古典经济学"或"市场原教旨主义"，首创者是弗

第五章　开展新型公共教育：为全球社会公平重新定义教育

里德里希·冯·哈耶克（Fredrek Von Hayek）、弥尔顿·弗莱德曼（Milton Friedman）以及20世纪50年代来自芝加哥大学的所谓"芝加哥男孩"。在新自由主义者看来，实现个人和社会的愿望的最佳方式就是让市场"无拘无束地发挥作用"。新自由主义的理想形式（虽然实际上远非如此）是要将公共产品和服务都划归私有，减少政府对贸易的约束、对资本的管理、对劳动力的控制、对外国直接投资的补贴。在新自由主义看来，对公共资源的公共控制应当从必然官僚的政府手中拿走，交给必然高效的私有领域来执掌。

在工业化国家，教育私有化的形式包括开设营利性学校、签订绩效合同、设立营利和非营利性特许学校、发放教育券、实行学校商业化、开设营利性网络课程、依靠考试机构和出版机构进行考试和发行教材、推广电子课程软件、实行有偿补课、教育外包，等等。以商业形式塑造教育的方式，从复制企业文化的课堂教学内容到校区管理外包、教学内容企业化、再到校企携手以垄断市场。

在发展中国家，以收费为主要形式的营利性教学正在越来越多地被新自由主义机构所攫取，例如世界银行、国际货币基金组织、世界经济论坛和世贸组织以及一些学者，如世界银行的红人詹姆斯·杜力（James Tooley）。他不遗余力地宣扬营利性教育是如何在道德和质量上比公立教育更胜一筹。杜力的著作之一《一棵美丽的树》由新自由主义智囊团加图研究所（CATO）出版，他的观点立足的基础，是对公立学校的捕风捉影的指责、对低价私立教育胡拼乱凑的赞扬，还有许多无法核实、自相矛盾的新自由主义的推测。最重要的是，有人声称私立教育优于公立教育是因为教育企业家创办学校的市场动机——在公立学校无处可觅的办学动机，对此他持高度赞同态度。然后他又提出，不仅仅是办学动机，还有这些企业家的社会地位和以慈善家身份从事社会工作的渴望都能说明他们为何热心教育事业。杜力在书中花了大量篇幅赞颂低收费的私立教育，赫然得出了以下的结论：应该呼吁引进外资修建营利性连锁学校（参照麦当劳连锁店的模式），跟这些学校展开竞争。他建议公共资金应当投入品牌塑造和广告营销，因为学校的标准化和品牌都价值不菲，并且私人慈善资金不应当用来帮助公立学校，而是应该划拨给投资者能够获得收益的教育形式。杜力对私有化教育的浪漫描述依据的是地方现存的私有"低收费"学校的例子，以此来证明私有化的疯狂扩张是合理的。而其结论，则是呼吁外国直接投资，以便贫困国家的学校能够按照快餐业的模式得以改造（原话如此，本文作者没有夸张）。杜力没有意识到的事实是，按照快餐业模式发展的教育不仅会彻底改变他称颂的低收费私立学校，也会改变他所敬仰的私立学校经营动机，那些让他觉得自信满满的投资者由于崇高社会地位而产生的动机。杜力希望终结公立教育，不见得是因为他希望在未设置公立学校的地方加强或者发展公立教育。该书的后记显示，杜力接管了一笔高达一亿美元的教育投资基金。[3]

杜力的观点跟这三个名字以 B 开头的人的观点是一致的：摇滚明星波诺（Bono）、比尔·盖茨和比尔·克林顿。这些人都是"财富福音"的新代言人，认为世界上行善的唯一途径是让大富豪们富得流油。在他们看来，只有创造让投资者们获利的条件，才能办好教育。"财富福音"一众代言人的观点各不相同。最早期的安德鲁·卡耐基提倡自由主义的"财富福音"，号召富人支持图书馆、博物馆、学校等公共知识机构，以便其他人能有机会通过免费知识实现自我提升。然而，后来的波诺、比尔·盖茨和比尔·克林顿却提倡私有化的知识获取途径：盖茨将 70 年代嬉皮运动中免费交换的软件商业化，加之投资慈善，以此推动教育私有化，从而获得了举世最多的财富；波诺反对音乐和文化产品的免费交流，和 U2 乐队其他成员在荷兰偷税漏税，数额达数百万美元；比尔·克林顿卸任后，以新自由主义的姿态否认自己当政时期的意识形态和政治选择，以私有领域慈善参与的方式开展"克林顿全球倡议"项目。尽管正如大卫·哈维所强调的那样，新自由主义否认政治，但是我们应当将其理解成富人对穷人发起的阶级战争的工具之一。波诺、盖茨和克林顿三人的显赫身份说明，对教育私有化的研究必须厘清大众传媒宣传的作用、公共关系在塑造全球教育改革大辩论中的作用，以及这些形式的宣传和更大范围内意识形态、趋势和运动所起的作用。

当今常见的教育框架中，新自由主义的出现完全是借助了人们对于改善经济状况的期待（有知识才有挣钱的本事），以及参与全球经济竞争的社会理念。玛格丽特·撒切尔提出的"别无选择"一说在当时的世界政坛风行一时，也影响到了教育理念。目前对新自由主义教育改革议题的唯一问题是，在商业的视角下，如何落实符合国家经济利益、符合企业化管理模式下的全球化的知识和课程内容。这样来看，理想化的教育就是为了使学生适应现存的社会秩序，民主参与的作用因此显得格格不入，公立学校提供意义深远的自我管理机会以塑造公民民主意识的做法也因此难以奏效。同样被拒绝的，还有与新自由主义全球化决裂的对全球正义的追求，例如"全球正义运动"（global justice movement）等追求正义的草根运动。

新自由主义教育改革将教育的政治和伦理贬低到只剩经济动机，显露出深厚的独裁趋势，与公平的社会变革的基础（包括民主的社会关系、公众权力以及用于社会批评的学术工具等）无法共存。之所以新自由主义教育改革会呈现这种趋势，一部分原因是按照企业模式塑造学校、开展教育改革，而企业毋庸置疑是按照独裁、而非平等原则形成的等级机构。此外，造成这些趋势的另一个原因是新自由主义的以自我为中心、追求私利的个人道德观念，以及社会达尔文主义竞争所带来的社会观念。在这种观念的笼罩下，几乎无法理解个人的道德选择是由周围的机构环境所决定的。历史上个人和群体为实现正义、创造更好的生活和工作环境而所进行的斗争也变得了无意义。那些斗争的源泉不是新自由主义典型的你争我抢的个人主义，而是出于坚定不移的道德信仰、对现存秩序和行为的激烈批评、对更美好的选择方案的由衷憧憬。

在全球范围内，新自由主义都声称公有体系已经失败、公共服务可以由私人来提供，给基于市场的激进社会重构提供了张本。这些铺垫十分重要，因为它们将教育资源转移到了私有商业竞争领域，从而抹杀了教育的公有性质、公民性质和道德性质。

对于新自由主义者来说，教育在社会、公共、人道等方面的任务统统都逊于最重要的核心目标：有效传递知识。在新自由主义看来，教育私有化可以追溯到历史遗留下来的实证理性主义，[4] 以静态、中立的眼光看待知识。实证主义认为，知识可以收集、衡量、量化、标准化，还可以传递。

将教育私有化溯源到实证主义理性，知识因而可以被当作商品对待（对于从事考试行业和辅导行业、教育服务外包行业的教育市场是个天大的利好消息），同时也让经济意义上的一条上升链看起来天经地义：学生消费提前由专家决定的正确知识；接受测试，按照知识消费的成果来接受奖赏或者惩罚；在接受这些教育所获的荣誉之后升至更高的教育层次，以便能够被企业主导的经济所接纳，旋即在此充分展开自己作为消费者或者制造者的一生。对知识持教条观念的文化保守主义（以 E.D. 赫施、戴安·拉维奇、全国教育大纲潮流为代表）天然地跟这种实证主义惺惺相惜，因为教条化的知识很容易标准化、进行测试、进行大规模市场推广。在对标准化和规范化的推广中，由于课程标准化、考试标准化、课上专注解题方法、教师去技能化、课本内容僵化以及许多旨在实现"有效传递知识"等关键措施，校园被笼罩在一片商业模式之下。商业模式认为，教学就像工厂制造业一样，可以加速生产、可以通过对教学方法的改进和用现金等手段刺激师生加油工作来提高效率。整体的、批判的、关注社会的教学方法是联系权力格局来理解教学中的问题，而私有化和企业化改革要将知识工具化，切断知识和周围政治、伦理、文化等决定知识理解方式和塑造知识因素的联系，否认有差别、影响深刻的物质实力，因此对批判教学方法避之不及。

2008 年金融危机之后，新自由主义不加约束的去常规化和私有化主张受到了许多经济学家的批驳。但是，新自由主义仍然势头不减，将公立教育视作私有市场，认为教育必定会受益于竞争和自由选择、私有化和去常规化。在全球化的格局中，知识和教育日益被委以拯救资本主义制度的重任。与此同时，新自由主义的教育观念导致了对社会问题的全盘漠视，因为教育已经被定位成是个人用来在鲍曼（Bauman）所说的"个人化的社会"中求生存所依赖的方式。[5]

自由主义以教育实现社会公平的概念

启蒙自由主义哲学传统强调教育要使人成为独立个体、使公民具备参与现存政治体系的素养。教育因此被视作个人培养人文素养的方式、提升

第五章 开展新型公共教育：为全球社会公平重新定义教育

经济地位的基础。依照自由主义传统，教育能够帮助个人适应现存的经济和政治秩序。自由主义传统倾向于将教育、知识和教学内容当作追求普世真理和积累中立知识的途径。在自由主义的观点中，关于知识的权力斗争以及权力斗争和自称掌握知识的人之间的关系都不是他们需要关心的内容。因此，教育被自由主义者认为是基本上跟政治绝缘的事情，教育的要义在于通过"精心培育"有效地传递已经积累下来的知识，而这些知识可以通过"学生成就"来衡量。尽管自由主义内部对教育问题中学生成就等于考试成绩的理解有所不同，但是在自称掌握普世和中立的知识导致知识被理解成静止不动、可以继承、可以传播的东西这个观点上的理解却是相同的。因此，对教育私有化的看法就聚焦在知识传递的效率上。私有化倡议经常不是被视作提高知识传递效率的潜在工具就是潜在威胁。

琳达·达令-哈蒙德可能是最有影响力的自由主义教育政策学者，也是这个立场的典型代表人物。她号召在教育问题上去政治化，具体来说就是宣布应该结束"破坏性的课程之战"（也就是要拒绝从政治角度理解学校与利益和斗争有何关联），号召要致力于寻找"专家教师""优质课程机会""恰当的教育材料"等。[6]达令-哈蒙德和其他自由主义者想要把政治屏蔽于课程和教学方法之外，但是，当我们定义前面提到的"专家""优质""恰当"等词汇时，政治价值观又会以难以察觉的形式掺杂进去。从她的言论我们不难发现，她之所以不遗余力地提倡自由主义的教育观，无非是为了服务于全国经济和世界经济竞争的新自由主义观念，以免美国这个帝国步古罗马帝国的后尘。[7]

自由主义传统上认为权力是无可置疑的存在（资本主义社会形态辅之以自由主义议会形式的选举民主制），试图利用教育实现大范围的同化。社会公平在这个视角下臣服于"读书就是为融入社会"的理论和"改善调整现存体制以使其更加具有包容性"的论点。如果更多的公民能够获得教育，他们就可以被经济体系、政治体系和主流文化所容纳。自由主义跟新自由主义观念不同的是，自由主义较为重视公共领域。教育私有化、外包和以市场为基础的改革尝试等在他们的设想中基本是作为可供选择的服务公众的工具出现的。自由主义者对私有化的有些方面，例如学校商业化，持怀疑态度，因为这样一来有损于清净无扰的学习环境。他们也质疑私有化的倡议，因为私有化会大量耗费公共服务体系的资源。对于新自由主义通过校董事会破坏教师工会、摧毁社区管理力量的私有化动作，他们也并不首肯。然而，有效传递知识这个任务始终凌驾于其他一切。

自由主义的观点认为，平等的定义就是享受均等机会。他们所说的"机会均等"归根结底指的是个人各负其责，在公平的平台上竞争，获得对所有人都敞开大门的知识来提升自己。如果竞争平台并不公平，总可以通过努力来修修补补。但是，斯坦利·阿罗诺维茨曾经在批评杜威的实用主义自由观点时指出，机会均等的讨论中将阶级不平等视作社会常态，阿罗诺维茨等持批判教育观点的人认为，不应以社会不公平作为底线，教育应当旨在创造条件实现政治、文化和经济方面的彻底的民主社会关系。[8] 阿罗诺维茨的观点是，"获得机会"这一说辞致使不公正的社会秩序长期以来被理所当然地接受了。政治话语在不断强调通过教育途径"获得机会"，可是事实上，过去几十年中，阶级上升的通道已经在很大程度上被堵塞了。获得好的教育，就能对抗越来越向社会上层集中的财富分配、收入不平等吗？难道承担这一匪夷所思的责任的应该是教师、学校、管理人员和家长们吗？更有效的教学方法能给阶级剥削或者资本的逻辑、严重的财富和收入不公、大量儿童挣扎在贫困线上等问题给出灵丹妙药吗？尽管许多自由主义者确实在使用公共权力改善诸多社会问题，但是他们并不能理解，文化象征的等级顺序跟物质方面的不平等是如何盘根错节联系在一起的。[9]

从自由主义、批判的角度来看，公立教育私有化和企业文化的思维方式应该受到抵制。自由主义者的目标是让公立教育更稳健。自由主义承诺让公立教育给人教育、让人能够深谋远虑地参与政治，而不同的私有化形式损害了这一目的。从自由主义角度来看，即使在历史上公共领域没有能提供优质、公平的普及教育服务，现在这个奋斗目标也仍然没有改变。如此，那些"最佳"学校的发展——也就是占据阶级、文化和种族优势地位那些地区的学校——就成了样板。乔纳森·柯佐尔（Jonathan Kozol）等美国自由主义者强调指出，在主要是白人的富有学校和主要是非裔、拉丁裔的贫困学校之间，存在拨款数量的巨大差别。按每个学生能得到的拨款来算，富校的数量比穷校数量多四倍，而实际上，穷校比富校需要更多资助。[10] 在自由主义者眼中，要实现教育平等，只需要为人人可以接受教育而平均分配教育资源就足够了——只要教育机会平等，就能转化成未来在经济和政治机构中的平等参与。他们认为私有化带给教育的威胁是，投资者以攫取利润的方式搜刮教育体系的资源。自由主义观念认为这些资源最好还是再次投资到公共事业，让优秀的教育成果从精英公立学校推广开去，惠及所有人。

自由化视角不仅回避了根深蒂固的结构性阶级不公，无视这种不公的不断复制，而且助长了随之而来的象征性等级制度，帮助这种制度被涂抹美化。一个最令人愕然的例子是被我们称为"郊区学校教育的痼疾"的问题。郊区学校的学生大多来自富有的职业人士、白人家庭，在自由主义看来，是劳动阶级和有色族裔学校应该亦步亦趋学习的榜样。同时，这些被理想化的学校强加给学生的课程和教学法满含意识形态，却被称作是至臻完美、无关政治的。"成就差别"这个说法认为，特权人群的知识规则就是典范，这样的说法典型地体现出特权人群的知识被理想化，而不是受到应有的批评和质疑。既然知识的框架设置如此，无特权人群难以掌握并展示这些被认作放之四海而皆准、无政治倾向、无须接受审视批判的知识，因而备受歧视。这种框架设置否认课程中的文化政治，遮蔽了一个错误的事实：被提升到标准地位的某些知识，其实不过是特权人群的知识、价值观和品味而已。

从批判角度看教育私有化与社会公平

对于批判者来说，抵御新自由主义私有化对公立教育的冲击就意味着捍卫公共领域，通过在公民社会中掀起的政治和文化斗争，对政治和经济领域进行批判性改造。从这个意义上来讲，促使公立学校成为批判意识发祥地的文化斗争是至关重要的，并且与自由主义的视角截然不同。从批判视角来看，学校可以是民主的公共领域，承担着培养批判意识、民主性格和担当的使命。从批判角度来看，要创造主体地位、主体身份和社会关系，以使激进的民主主体致力于经济民主化、加强州政府在公共领域中的职责、挑战压迫人的机构和行为、参与民主文化，学校应该起到关键的作用。同样，从批判角度来看，知识会受到涉及权利、政治问题、历史和伦理的诘问。个人经历需要依据塑造它的社会、文化、政治斗争、社会力量和现实等因素来提炼问题、形成理论。如此，以标准的批判视角，对照客观力量，对主观经历进行批判，就给参与者改变压迫力量和格局的行为提供了基础。

自由主义和保守主义对公立教育的观念通过适应主义发挥作用。也就是说，这两种观念认为，我们生活的社会秩序是合情合理的，公立教育的任务就是让学生适应这样的社会秩序。

不论过去还是现在，国家管理的公立教育一直我行我素。尽管如此，私有化和企业化的理念起到的作用不是消除公立教育的保守倾向，而是加重了这个倾向。南希·弗雷泽（Nancy Fraser）强调[11]，新自由主义后福特时代的经济和社会布局培育出了一个日益双层分隔的社会，一部分是自我约束的、有进取心的主体，成为职业阶层；另一部分，则是被当作"非我族类"压榨的劳动阶级和贫困人群。

终于，伴随着福特主义在全球化趋势中的衰落，它对自我约束的取向也逐渐消散。由于社交活动的内容越来越被市场化，福特主义劳动密集型的专注个人的关注点渐趋式微。举例来说，在心理疗法中，福特时代耗费大量时间的、以交谈为主的治疗方式越来越受到保险条款的排斥，代之以立刻见效的药物治疗。另外，凯恩斯主义导致失业率攀升，向社会底层的再分配减少，因而社会不公和不稳定日益严重。由此产生的真空更容易被直截了当的压迫填补，而不是努力加强个人自我管理。在美国，有些观察者认为社会状态的转变发生在一个"监狱产业综合体"中，将囚禁男性少数族裔青年作为解决失业问题的灵丹妙药。然而这里提到的监狱却跟福柯所描述的"全景监狱"大相径庭。监狱的管理经常分包给营利性企业，成为种族和性别暴力的温床而绝非自我反省的实验室，在这些监狱里，强奸、剥削、腐败、艾滋病猖獗，杀手恶棍和穷凶极恶的看守恣意妄为。如果说这样的监狱是后福特时代的缩影，它的运行依靠的绝对不再是个人的自律。就算不能说这些人是严格意义上的被压迫者，但是压迫已经如假包换地回来了。[12]

营利性监狱和学校在教化改造和提升素质方面的功能日益减退，更多的情况下是把人圈进围墙、束缚人、压迫人、控制人，因而私有化与压迫之间的关联日趋明显。监狱依然是种族制度下滋生压迫的温床，学校私有化也并无二致。在劳动阶级和贫困人口、有色族裔人口为主的学校里，教材内容死板僵化，同时佐以严苛的人身控制，这里培养出来的教育产品将来注定只能为私有化管理的公司打工。这样的压迫者口口声声说自己是为了贫困、有色族裔学生的未来着想，借此把自己装扮得道貌岸然，因为如若这些学生想要从资本主义经济分一杯羹，就必须顺从这样的规则。随着美国的财富分配越来越大规模地汇集到上层阶级，收入的不平等，对有组织的劳动进行盘剥，越来越多的人滑向社会底层，对于无数学生来说，让他们"抓住机会"，借这个毫不公正的游戏成就自己简直荒唐可笑。有色族裔的穷学生可能要打三份最低收入的工才能糊口，而且根本不能奢望幸运儿们能享受的任何福利。在自由主义和保守主义的观点中，通过教育适应现存经济秩序（无数学生求学过程无比艰难困苦）的前提是，全球经济是个零和体系，需要那些黯然落败的人为占尽先机的人制造手机、电器。换言之，在西方，教育要服务于新自由主义经济无限增长的蓝图，它的前提是，努力剥削贫困国家的廉价劳动力和逐底竞争。

20世纪90年代和进入21世纪以来，自由主义者和进步教育者们在公立教育服务于经济和政治的大前提下思考教育的企业化。企业化教育改革者提出，学校应该培养工人和消费者，为世界经济竞争做出贡献，以便获得企业化经济的接纳。而自由主义者和进步教育者坚持认为，公立学校应该坚持履行自己的传统政治职责，培养公民积极参与公共生活，加强自我管理。自由主义者和进步教育者们始终认为，企业化教育改革扭曲了教育的目的和使命，淘空了教育的公共职责和公民职责，让教育被玩弄于私人股掌之中。这些批评观点是实事求是的。但是同时这些观点也有局限，就是并没有充分考虑到企业化过程中错综复杂的政治、经济、文化等方面的问题。大多数自由主义者和进步教育者认为，公立教育应当量身打造学生素质，以适应现存的资本主义制度，同时使他们成为合格的公民。企业化教育改革者也以相同的口吻，在公立学校的经济使命之外，又加上了"公民身份塑造"这一内容。批判教育始终认为，教育应该是改变社会和社会机制的基础，但是对于公立教育有责任改造经济这个问题，批判教育一直缄口不言。[13] 如果公立教育是为了打造比企业化教育改革者们主张的更为民主的经济前景，我们的希望又应当寄托在哪里呢？

开展新型公共教育

在接下来的内容中，我将会引用近来对"共有权"的学术研究成果，提出我的观点：我们需要从这些研究成果中有所取舍，构想出一个新的公共教育。这些针对共有权的研究中，有一部分对于批判教育如何促进社会更新提出了深刻的见解，这里需要分析的问题不是开创一个比企业化改革更好的教育改革形式，因为不管是教育还是社会结构，说起改革，都并非易事。构想新的共同教育形式，任务艰巨、道路曲折，但是前路光明——因为这意味着一种全新模式的共同工作、生活和消费。

早期的公共教育运动

19 世纪早期，霍拉斯·曼（Horace Mann）在马萨诸塞州成立了美国首个公共教育机构，成为美国公共教育运动的肇始。类似的机构最终遍及美国各地。社会需要受教育的公众参与实现民主、需要公众出资的教育体系、需要学生具备不同背景、教育不论出身、教师应当经过专业训练、教育内容和方法应当传达自由社会的价值观，曼对这些都非常重视。公立教育得到推广，服务于公民政治参与、劳动力培养，以及个人性格塑造，目的在于让不同阶层的儿童和谐相处、获得共同学习经历。公立教育运动致力于提供更多教育资源，包括提升教学质量、将义务教育年限提高到 16 岁、提升妇女为主的教师队伍工资、拓展课程的涵盖范围。

自公立学校形成伊始，人们对公立教育的许多方面都聚讼不已——种

第五章 开展新型公共教育:为全球社会公平重新定义教育

族隔离和融合、世俗与宗教道德教育、课程中的政治内容,以及公立学校在劳动力职前培养中的作用。20世纪90年代以来,得到广泛接受的新自由主义私有化消解了公共教育运动遗留下来的许多方面的社会价值。实现社会成员的共同教育经历、一视同仁的大众教育、受教育的公民参与公共事务,这些期待都被私有化的浪头冲击得体无完肤。教育券计划、家庭学校教育和奖学金税收抵免等措施都致使公共资源被攫取,用于资助带有宗教色彩的教育,其中态度最积极的就是那些基督教右派人士。新自由主义强调教育就是为了实现就业和消费,这一立场极大地伤害了公立教育的核心价值观,即让有知识、有素养的民主公民实现自我管理。新自由主义不遗余力地推动建立特许学校,在公立学校内部再次造成了种族隔离。同时,从里根时代开始,教育的着眼点就被转移了,从本来的种族融合和平等,变成了学校中的"市场"。类似"竞争""教育消费""自由选择"的说辞势头强劲,致使平等共享、人人受益于教育的核心价值观深受重创。新自由主义不仅在教育中带来了更严重的阶级分化,并且把教育重新定义成个人的职责,侵蚀了为"我为人人"的共同价值观。

企业化教育改革不仅代表了对未来的无望之感,也代表着以资本无限增长为唯一解决方案的错误想法。换言之,伴随着社会和个人价值观全部沦为商业头脑的算计,企业化教育改革不仅积极助长经济剥削、政治边缘化重现、摧毁人类想象力,而且加重了对这个星球的毁坏,让地球上的生活病入膏肓,地球居民只能在生态环境崩溃、人类大难临头之前坐以待毙。许多学者提出,资本主义制度和它对无限制消费增长的追求已经成为一个垃圾生产系统,不仅仅掠夺我们的地球,更让生命失去意义,让人无助地听命于资本的淫威。[14]在第三章我曾说过,企业化教育改革创建并扩展了一种人身控制制度,威胁着在所有人心目中应当全体追求、全体实现的自由。第一章我还说过,企业化教育改革的盈利承诺不过是空头支票。他们也承诺培养劳动力、培养受过高等教育的人才队伍,但是根本无法应对全球经济对廉价、不稳定劳动力的逐底竞争。企业化教育改革要求公民相信企业会给他们带来可观的经济利益,但是这样的信任真是谬之大矣。首先,因为企业天生就是为了逐利而创立的,如果说劳动条件有什么提升——比如终结童工制、周末休息制、八小时工作制、福利等等——都不是企业大发善心，而是社会运动斗争的结果。在牙买加，每小时只能拿到80美分的大学毕业生赖以糊口的工作是在免税区校对学术课本，这样的情况说明，解除资本管制、劳动管制、抽空公共领域资金的全球企业管理结构，正是高学历劳动力被严重剥削的始作俑者。要杜绝这种问题，需要重振劳动者运动和社会民主国家干预，或者像理查德·沃尔夫（Richard Wolff）所提出的，让产业集体化，让工人和经理人都能不分高下、平等相待。[15]

企业化教育改革是对共有权的圈占

企业化教育改革要进行的，不是仅仅调整教学改革的措施，例如修订教学方法、增删课程内容等等。它的关键是对社会生活的控制权进行重新分配，因此，它的背后其实有一个更大的社会潮流在推波助澜。企业化教育改革代表了资本主义对共有权的圈占，即暴力攫取"社会存在的共享物质"。[16] 斯拉沃热·齐泽克指出，当今被圈占的共有权有以下几种主要形式：

- 文化的共有权，被时时刻刻社会化的"认知资本"形式，主要包括语言、沟通和教育方式，以及共享的基础设施，如公共交通、电力、邮政体系等等；
- 外部自然的共有权，处于污染和（雨林及自然栖息地）开发的双重威胁之下；
- 固有本性的共有权（人类生物遗传属性）；借助新生物科技，"新人类"不折不扣地改变了人类本质，即借生物基因遗传的人类本质属性。[17]

第四种对共有权的圈占，是事实存在的种族隔离局面，"围墙和贫民窟"的修建将人们从物理意义上隔离开，让部分人一无所有，另一部分人得天独厚。以上四种对共有权的圈占一直是斗争的关键。齐泽克认为，斗争的结局，直接决定物种和星球本身的存亡：对于自然共有权的圈占造成生态环境的灾难；对知识共有权的圈占造成思想成为私有财产，无法自由分享、交流、造福人类乃至整个宇宙；将生命转换为财产，为生物技术奴役和营利性人身控制提供了舞台。企业化教育改革与这些对共有权的圈占沆瀣一气、助纣为虐。因为企业化教育改革使知识成为商品，无法分享和自由流通；自然世界被私有产权占据，无法服务于公共福祉；对个人思想成熟和进行社会交往的过程都进行私有化改造，把人的成长变成谋利机会，把儿童变成产品。最后还应该说，低端的私有化公立教育以新型围墙、新型贫民窟的形式导致了阶级压迫的蔓延。

企业化教育改革最重要的内容是将公立学校私有化。从经济角度上说，私有化圈占了本属于共有的财产、物资和土地。在任何一个企业里，价值都是由劳动者的共同努力创造的，但资本主义将来自共同劳动的利润占为己有。大卫·哈维指出，共有权是集体劳动成果的一种形式，必须保持共同性，产生对生产过程的共同控制，不应成为私人物权。[18]不仅公立学校是共有的财产，教师、管理者、职工们的共同劳动也构成了公立学校的共有权。对此哈维的解释是：

> 创造价值的共同劳动必须意味着财产权共同所有，而非个人独占。价值，或社会需要的劳动时间，是资本主义社会的共有权，金钱是价值的体现形式，同时金钱也是全球通用的共同财富的衡量标准。所以，共有权绝非曾经一时存在、后来无处可寻的东西，而是像城市共有权一样，处在始终不停歇的生成过程中。问题是，共有权也一直在受到资本以商品化、交易化的形式进行的圈占、掠夺。[19]

企业化教育改革的所作所为，本质正是如此。为获取资本，它圈占和掠夺教师、管理人员、学生的集体劳动，其实现的途径，是将来自公共的资金用于公立学校私有化。事实上，特许学校带来的房地产交易方案和大量合同已经表明，企业化教育改革还圈占了公立学校的集体财产。好端端的公立学校建筑被拱手让给私立实体，例如特许学校。降低教师工资、承包商卷走利润，各地区与营利性公司签订的合同导致利润日益被私人抽走。

对于哈维来说，共有权的问题是，劳动者和国家都是共有财产的基本来源，而无法监管的私人资本积累大有摧毁劳动者、摧毁国家之势。前一章，我详细叙述了公立教育共有财产资源正在经受何种程度的摧毁。举例来说，教师（即教育中的劳动者）的工作本应该是尊重智慧、参与社会治理、倡导对话、培育好奇疑问和鼓励异见的，而不加监管的私人资本积累使其日趋沦于反智、去政治化、教条僵化、机械传输、扼杀好奇、窒息创造。

企业化教育改革摧毁了公立教育服务公众的属性和经济的生产力，无法监管的私有资本积累也摧毁了学生的劳动和学生未来的经济创造力。过度强调标准化测试和课程贬低了教师因势、因材施教的努力，导致教学再也无法培育能够参与集体创造性生产的社会主体。企业化教育改革改变了学生与创造性活动和时代之间的关系。

企业化教育改革的倡导者们相信，这种改革能够通过实行纪律管理（即更严格地控制时间、课程内容和教学方法）来提升教师工作效率，从而保证知识能够有效地传递到学生消费群体当中，继而增加未来学生劳动群体的潜在经济效益。这种想法大错特错。举例来说，企业化思维逻辑在特许学校里大行其道，学校被看成是摇钱树，特许学校的努力方向是复制和强化最有效的知识传递模式、拖欠教师工资、降低教师待遇、让教师疲于奔命、随时淘汰或更替教师队伍。从特许学校的管理结果来看，这些做法收效显著，可以将营利性公司和其他合同签订者的短期利润最大化。达令-哈蒙德等自由主义者曾经强调，这些破坏性改革必将伤及以考试衡量学生进步情况的教育模式。[20] 不唯如此，更重要的是，这些措施戕害了教育本身应该具备的创新、重智、鼓励疑问批评的本质，戕害了未来学生劳动群体的创造力。[21] 教学被置于重重束缚之下，变得内容僵化、反批判性，我们如何指望学生以此具备更强的经济实力。结果必定是适得其反。如果他们设定的目标本来是培育温顺服从、训练有素的低技能工人，或是被经济边缘化的社会成员，企业化教育改革可算是功德圆满。但是，道德和政治先放在一边不谈，就拿企业化教育改革的推行者们自己的观点来说，如果公立教育的目的是培养拥有理工科知识、能创造新价值的工人，这种教育作为经济策略也是相当短视的。为企业化教育改革摇旗呐喊的最核心的

第五章　开展新型公共教育：为全球社会公平重新定义教育

理论就是，企业化教育改革是为了让美国壮大劳动者在高科技领域的能力，最终成为全球经济竞争的赢家。这些倡导者们通常号召鼓励学生培养创业精神，可是，我们很难看出来，如果教师本身都束手束脚，无法鼓励强大的思维、创造性和求知欲，这样的资本主义目的如何还有机会实现？这里一定要强调的一点是，企业化教育改革提出通过教育实现资本积累，即使是用它自己这个糟糕的标准来衡量，它也走在一条南辕北辙的路上。通过私有化来圈占公立学校确实能够带来短期的高额利润，但是长此以往，必定摧毁公立学校的劳动力和资源——也就是说，涸泽而渔地掠夺公立学校，最后一定会摧毁它的价值。在《乘灾之机》这本书中我提出并且详细讲述了这一点：对公共服务的此类掠夺必定是得于一时、为患一世。

罗伊斯·维纳认为，虽然私有化、解除管制、实施经理人政策等改革措施始终声称是为了"让学生更优秀"，但是这种针对劳动者阶层和贫困学生的改革只会导致教师丧失职业技能和专业素养，致使学生（直到八年级）面对的只有低工资、低技能的师资。[22] 维纳一直在关注的是，如果由世界银行和国际货币基金组织这样的全球经济机构发布文件、采取措施，上述情况会如何发展。随之美国制定的"21世纪技能倡议"（the 21st Century Skills Initiative）和发表的题为《艰难时期艰难选择》（Tough Choices for Tough Times）的报告，验证了维纳的担心。其实，也有一些来自官方的说法，例如盖茨基金会和美国教育部就曾提出：增加高中入学和毕业率，个人的经济机会就能随之增长。[23] 但是这些说法其实是颠倒了因果关系，他们认为个人的教育水平能够创造就业机会，却不愿承认，低收入、低技能人群的失业率其实是经济结构积弊的一部分。[24] 换个角度说，我们必须提出一个问题：更高层次的教育是否一定意味着就业？有证据显示，政治操纵和经济行为吸引很多技术人员到机会更多的地方去，实际上是窃取了其他地方的就业机会，而并没有创造就业。[25] 为吸引就业，各地区展开逐底竞争，互相比拼谁能给出更有诱惑力的减税砝码，拼抢人才的结果是自己耗尽公帑，也让其他州都付出透支未来公共财政收入的代价。同样，技术工作人才流失到劳动力价格低但是教育水平高的国家去（律师、会计、IT业等人才离开美国去印度和新加坡就业就是很明显的例子）也怪罪不到给职业阶层提供就业机会的教育头上去。没有保护措施，这些劳动力会在全球的逐底竞争中消失殆尽。

教育服务于经济发展的另一个可能在于培养新型劳动力、提高生产率。新自由主义在这个问题上的观点是（参见第四章），要让学生培养创业精神，给企业带来价值。根据这个不着调的说法，只要员工在读书期间培养起了创业精神，将来他们就可以或多或少免于无业、失业的命运。资本耗费跟这样的创业精神比起来，根本是无足轻重的。坐收广告费用的 Facebook 常被用作有力论据来证明教育自己能创造财富的神话。达令-哈蒙德的著作《平面世界与美国教育》里就不乏类似的思维，她赞同弗里德曼的假设，认为学校应当改革，因为未来劳动者从事的工作现在尚未成形。对于弗里德曼、达令-哈蒙德和教育建制派的大多数人和公共来说，教育为资本主义全球经济竞争做好了准备。以这样的方式去思考教育，改革的目的就只能是让未来的集体劳动效力于让富人自己赚个盆满钵满。

公与私的区别在教育中重要吗？

在《共有权的未来》这本书的结尾，大卫·哈维说道："机构组织形式（是公是私）并不重要，重要的是如何组织生产、分配、交换和消费，以通过集体劳动实现共同利益。"那么我们必须回答这个问题：既然确认奋斗目标是以集体劳动实现共同利益，公私之间的差别对于教育是否还有关系？

> 重要的不是如何具体进行机构安排的混合——某些地方归私人经营，另一些地方以集体和公共形式管理财产——而是要保证总体的结果能够拯救不断被资本加重摧残的公共劳动和公共土地资源（包括包含在人类建造环境中的"第二自然"的资源）。在这样的努力下，需要"措施多样化"，不管是公共的还是私有的，集体的还是协会的；也不管是等级制错综复杂的还是平起平坐的，排外的还是开放的，其中每种都能在组织生产、分配、交换和消费中起到关键的作用，满足人类需求。一个阶级创造公共财富，另一个阶级从他们手里掠夺过来。

前面所提到问题的关键不在于满足一个阶级为积累而积累的要求，从创造财富的阶级手中将财富抢走，而在于实现全盘的彻底改变，找到创造性的出路，用共同劳动的力量实现共同利益。[26]

如果批判教育者们接受"以集体劳动实现集体利益"的价值观，那么有两个关键的问题需要解答：首先，这是否意味着公与私之间的关系对于教育没有影响，并且像哈维所说，可以通过不同的策略和手段来实现。第二，推行共同教育的学校怎么做才能创造保证共同劳动产生共同利益的社会环境。

阿尔都塞在《意识形态和国家机器》（Ideology and Ideological State Apparatuses）这篇文章中，阐释了他自己、马克思和葛兰西的观点：公私之分与通过国家来行使权力两件事情之间并无关联。阿尔都塞提出，公私之分是资产阶级物权法的言内之义，因此，公众认为物产私有关系是天经地义的。马克思主义的传统认识对保留公私之分帮助不大，并且将政治笼统地划归到意识形态领域，认为政治仅仅是物质基础的反映。阿尔都塞则不同，他对意识形态提出了更为丰富细致的看法，认为意识形态不仅仅是对现实作出反映的理论；不过他也延续了马克思主义的观点，不认为公共领域是意识形态的结果：

> 公私之分是资产阶级法则的言内之义，在资产阶级法则行使"权力"的领域内都畅行无阻。但是国家这个领域就不受公私之分的制约，因为国家是"凌驾于法则之上"的；国家实际上是统治阶级的国家，它既不属于公有，也不属于私有，相反，它是公私之分存在的前提条件。我们的国家意识形态机器从开始就是如此。是公立还是私立机构在承载意识形态机器并不重要，重要的是这些机构如何发挥作用。私人机构也可以毫不逊色地担当起意识形态国家机器的角色。只要对任何一个意识形态国家机器做出合理透彻的分析，就能够证实这个观点。[27]

这个传统制约之下的国家已沦为资本的武器。阿尔都塞认为，用于实现压迫的国家机器，例如军队、警察，主要是通过暴力行使功能的，而意识形态国家机器，包括学校、媒体和教堂等主要是通过意识形态来发挥作用。阿尔都塞仍然强调意识形态对于资本的复制是至关重要的。举例来说，学校培养学生，让他们具备知识和技能，以备接受资本家剥削；不仅如此，他们还在学校习得某些性情、品味和交往方式，以便习惯对老板俯首帖耳，在劳动力等级秩序的结构里听天由命，等等。

> 每个人在获得诸多生存知识的同时，也接受了大量统治阶级意识形态的灌输。资本主义社会结构中的生产关系，或者说，剥削者与被剥削者的关系，在很大程度上正是通过这样的体验形成的。[28]

阿尔都塞认为，学校已经取代了宗教，成为最重要的意识形态国家机器。此外，学校强制自己无力逃脱的教育对象接受意识形态的主体塑造，这些塑造过程去政治化、涂抹社会问题，在培养驯服、能创造价值的劳动力过程中遮蔽了政治意图。在如今的美国，考试和课程标准化在掩盖阶级政治方面起到了核心的意识形态塑造作用。

> 为资本主义制度实现这个关键目的的机制被一个广为接受的教育观念自然而然地掩盖了。说这种观念被广为接受，是因为这个观念在占统治地位的资本主义意识形态中是关键形式之一：它把学校装扮成了一个中立清净的环境，丝毫不受意识形态的侵扰。[29]

阿尔都塞对政治的概念有一个众所周知的局限，就是在谈及意识形态国家机器做出的意识形态主体塑造时，渲染了对权力的描述：意识形态对主体的建构是机械地通过对个体的询唤或呼叫实现的。这样的描述中，主体无以应对、抗拒、逃脱被制作成"良好公民"的命运。他也没有描述过如何用教育来塑造主体和有行动力的公民。这很重要，一方面是因为任何批判性教育方式都需要培养批判力量，关注主体塑造、主体如何处理应对知识客体的问题；另一方面，公立、私立机构和个人如何以不同的方式创造条件，促进批判性、批判力量和应对能力的产生也同样令人担心。

如果借鉴近来关于共有权的文章观点来考虑企业化教育改革，我们不禁要问：面对私有化以经济控制、政治控制、文化控制等形式给公立教育带来的诸多问题，我们该如何应对？私有化将危及批判力量、服务公共利益、教育民主性，这已经是不言而喻的事实，已经无须再追问。我们要问的问题是：批判的教育应如何创造条件，让集体劳动产生集体利益？私立教育应如何创造条件，让集体劳动产生私人利益？

教育私有化过程中，公共领域一直被侵占。应当承认，致力于民主教育的人必须明白，公立教育与私立教育的不同之处至少体现在四个方面。

第一，所有制和控制方式不同：营利性教育公司的利润来自公共税收，而公共税收原本可以用于教育服务，只将一定比例分流给投资利益。公共税收一部分变成了巨头们拥有的靓车、豪宅、私人飞机，一部分被用于产生象征资本，用于雇佣公关公司，去打动家长、社群和其他投资人信任这个公司。这是一种寄生性的财务关系，其结果是学校管理追求利益最大化、成本最小化；另一个结果是抵制教师公会、将教育内容压缩至最可测量、可复制的形式，破坏教师自治，等等。没有依据能够表明，公共财富流失、资本家坐收渔利能够提高公共教育质量，也没有证据能够表明，公共教育质量的提高需要私人资本介入。如果国家要用私有化作为工具（类似英国提倡的"第三种方式"），应该执行实行手段强硬的国家行为，但是不应将财富向上分配，也不应让人对教育私有化导致的财富去向大失所望。此外，经济控制权重新分配之后，对教与学的集体控制权也被转移到了私有化教育企业的所有者或者私人经理手中。教育劳动被攫取，用于服务所有者的短期盈利，以及长期以后获取可剥削的劳动力。

第二，文化政治观不同：私有化影响课程中的政治内容。依赖私人投资慈善家注资的营利性公司和非营利性的机构断然不会选择批判性的课本，因为这类课本让学生明白：私有化会危及民主价值观和理念。尽管多数公立学校也没有覆盖范围宽广的批判性教学内容，关键问题是，有些公立学校的确是有批判性内容的，而且大多数学校能够做到。这是一个公共斗争的问题。私有化将控制权移交到私人手中，窒息了与其机构和体制利益相左的任何观点，让公共斗争失去土壤、无法生存。私有化的浪潮之下，首当其冲被摧毁的是批判性教学实践。一个民主的社会需要公民能够辩论、深思、提出异见、运用工具，以学理性参与社会治理。而私有化致使教育方式反民主、工具化，仅着眼于知识传递。在文化政治方面，大众媒体的私有化与公立教育私有化如出一辙。营利性媒体不允许出现任何有损于其机构利益的说法和问题。[30] 过度强调标准和标准化、测试和"问责制"复制了企业的逻辑，其核心概念一是可测的业绩，二是对权威言听计从。学术的好奇、研究，教师的自主权和批判性教学内容，更不用说批判性理论，在这些核心概念下如同无源之水、无本之木。这里所说的"批判"不仅仅是指解决问题的技巧，而是用于分析某些所谓"真理"是否经得起检验的技能和品性。民主的教育允许批判的个人行为，培养政治分析能力，给集体社会行动打下基础。学校愚弄学生，让他们对剥削俯首帖耳；而批判性教学和教育模式能够提供方法，让人对这类现实做出理论分析，并以行动去对抗。

第三，宣传和保密，即秘而不宣和昭示天下的内容不同：私人公司能够将自己的所作所为大部分进行暗箱操作。教育管理机构和特许学校的性质公私参半，它们只是有选择地披露财务和业绩数据，以便能更加吸引投资者。私有化方案中，类似的心机无处不在。这其实是私有者的伎俩，以防止他的财务状况受到集体控制。始终遮遮掩掩的私有化管理让集体教育努力无法创造共同利益。

第四，自我实现方式不同：私有化造成的社会关系是由资本复制方式来定义的，以对权威俯首帖耳的习惯为范例，排斥集体控制权、平等对话、辩论、异见和其他公共民主行为。私有化形成个人主义，一部分是因为它鼓励所有人将教育理解成在本质上是某种私人服务，目的就是将个人的竞争能力最大化。这违背了为所有人的利益创建公立教育的原则。新的共同教育运动可以在这个问题上发挥作用，培养新型的公共人，这样的人能够承认并尊重社会共同劳动，规划如何通过共同劳动实现公共利益。

从新自由主义和自由主义对教育的观点来看，教与学的集体劳动都是为了适应当今的经济结构，以及决定了这个经济结构的政治形态。整个经济结构让来自于上述劳动的利润被私人侵吞。以批判的视角来看，教

第五章 开展新型公共教育：为全球社会公平重新定义教育

现在面临的问题是，如何设计能够实现全球共有化的教学实践、课程和学校机构？批判教育如何才能让共同劳动实现共同利益成为核心议题？教师和学生应当携手当地公众，选择一条什么样的道路才能恢复教与学的控制权？反抗企业化教育改革的斗争如何才能走出自己的局限，不止步于限制测试和切断以各种面目出现的私有化，转而力争以公立教育为基础，用真正民主的方式重塑经济，重塑政治体系和政治行为，让政治不要受制于金钱收买、商业气息浓烈的选举，重塑文化使其属于大众而非私人？

由于企业化教育改革的开展，公立学校的知识、教学权威、经验等与生成不同知识和理念的政治、道德、文化和物质方面的斗争之间几近隔绝。为创立有批判性的公立教育，同私有化和其他新自由主义做法进行的抗争虽然很有价值，但这仍不是最高目的，而是途中的一个过渡；更高的目标，应该是通过开展实践、培育组织模式、养成质疑社会、质疑自身的习惯，最终从精英手中将国家和企业的权力重新归还给公众，同时提升批判意识和批判性民主的社会思潮。

一个新型的共同教育运动必定会给我们带来希望。只要是共有的，必定能够得以建立、发展，绝不会被完全圈占，因为人类经验有些部分无法被转换成私有财产，只能共同拥有。同理心、观念和整个星球必须属于所有人。

要迈向新的共同教育，致力于实现公平正义的教育者应该迈出的第一步是传播以下"讨论要点"，引导关于公共教育的大众话语：

讨论要点汇总

• 企业化教育改革难以为继。特许学校、教育权、私有化和教育管理公司无法兑现自己的承诺：提高学生成绩、降低办学成本。

• 企业化教育改革加深了种族隔离。[31]

• 企业化教育改革加重了教育资源分配的不平等。

• 企业化教育改革带来了一种新的"审计文化"和"新市场官僚作风"，二者导致高额成本、错置教育资源、造成公众痛苦、管理低效。

• 企业化教育改革对生态危机无能为力。

• 企业化教育改革的理念脱胎于追求利润、消费主义至上的经济体系，与人类友爱、关怀、共享生存的价值观格格不入。
- 既然资本主义经济已经尽显疲态，为何要将教育交给商人来管理？
- 既然企业化教育模式已经让企业官僚问题逐一呈现，为何要让教育继承在商业领域都不奏效的体制？
- 社会需要让公立教育为公共服务，而非为企业实现价值。

注　释

第一章

1. 安迪·斯马利克（Andy Smarick）发表在期刊 *Education Next* 10, 1（2010）上的"教师整顿的谬误（The Turnaround Fallacy）"一文对美国企业协会、胡佛基金会、美国传统基金会等右翼智囊的立场给出了最为清楚的定义。斯马利克认为，公立学校应当被看作是彼此竞争的私有企业。此外，更重要的是，他还认为，特许学校的"优势"在于，这些学校能够轻易关闭、以其他私有化的解决方案来取代。重塑公立教育中心的保罗·T. 希尔经常对此进行宣传推广，提倡建立"城市投资组合学区"。

2. G. Miron, review of "Charter Schools: A Report on Rethinking the Federal Role in Education," Boulder, CO: National Education Policy Center, retrieved March 13, 2011, from http://nepc.colorado.edu/thinktank/review-charter-federal; A. Molnar, G. Miron, and J. L. Urschel, *Profiles of For-Profit Education Management Organizations: Twelfth Annual Report, 2009–2010,* Boulder, CO: National Education Policy Center, retrieved March 13, 2011, 网址：http://nepc.colorado.edu/publication/EMO-FP-09-10; C. Murray, op-ed: "Why Charter Schools Fail the Test," *New York Times,* retrieved May 4, 2010, from www.nytimes.com/2010/05/05/opinion/05murray.html; V. Byrnes, "Getting a Feel for the Market: The Use of Privatized School Management in Philadelphia," *American Journal of Education* 115 (2009), 437–455; P. E. Peterson and M. M. Chingos, *Impact of For-Profit and Nonprofit Management on Student Achievement: The Philadelphia Intervention 2002–2008,* Working Paper PEPG 09-02, Cambridge, MA: Harvard University, Program on Education Policy and Governance, 2009.

3. 参见 Kevin G. Welner, *Neo-Vouchers: The Emergence of Tuition Tax Credits for Private Schooling,* Lanham, MD: Rowman and Littlefield, 2008.

4. 参见 Patricia Burch, *Hidden Markets: The New Education Privatization,* New York: Routledge, 2009. 此外，艾利克斯·莫尔那（Alex Molnar）的著作《校园商业主义年度报告》（Schoolhouse Commercialism annual reports）对教育中的商业性做了最透彻的跟踪，网址：www.nepc.colorado.edu.

5. 教师整顿咨询的开展并非建立在该措施的效果的基础上，也非基于前后连贯的项目，而是凭借企业化淘汰教师制度的某些比喻性说辞，以及对这个市场试验行为的大量公共资金补贴。对此的公众监督严重不足，详尽报道请参见萨姆·狄龙（Sam Dillon）的"毫无经验的企业追逐美国教育基金（Inexperienced Companies Chase U.S. School Funds）"*New York Times,* August 2019, 获取网址：www.nytimes.com; 另参见我在 Kenneth J. Saltman, *Capitalizing on Disaster: Taking and Breaking Public Schools,* Boulder, CO: Paradigm, 2007 一书中对阿瓦雷兹（Alvarez）和马绍尔（Marsal）"整顿咨询的评论"。他们的咨询让公立学校所获拨款减少数以百万计，而自己却通过咨询服务在被飓风袭击前后的新奥尔良获利数百万美元。

6. Kenneth J. Saltman, "Urban School Decentralization and the Growth of 'Portfolio Districts,'" June 2010, *Great Lakes Center for Education Research and Practice,* available online at www.greatlakescenter.org.
7. Kenneth J. Saltman, *The Gift of Education: Public Education and Venture Philanthropy*, New York: Palgrave Macmillan, 2010 一书中讨论了这一点。
8. Kenneth J. Saltman, "'Value Added' Assessment: Tool for Improvement or Educational 'Nuclear Option,'" September 14, 2010, www.truthout.org; Eva L. Baker, Paul E. Barton, Linda Darling-Hammond, Edward Haertel, Helen F. Ladd, Robert L. Linn, Diane Ravitch, Richard Rothstein, Richard J. Shavelson, and Lorrie A. Shepard, "Problems with the Use of Student Test Scores to Evaluate Teachers," EPI Briefing Paper #278, August 29, 2010, available at www.epi.org.
9. Patricia Burch, *Hidden Markets: The New Education Privatization,* New York: Routledge, 2009.
10. William C. Symonds, "Special Report Education a New Push to Privatize," *Businessweek,* January 14, 2002.
11. 通常这种掠夺被描述成是为了实现"私有领域"里的效率，说明了一点：意识形态的一个经典定义是，它就如同照相机的暗箱，会将现实内容倒立成像。私有领域参与教育，是为了从中获得渔利。麦肯锡（McKinsey）公司那位足迹遍布全球的新自由主义专家，迈克尔·巴伯（Michael Barber）对私有化的真正动机表达得非常清楚："我们要推动公立和监管领域里的生产率增长。"类似医疗和教育这样的公立和监管领域在美国经济总量中超过20%，但是生产增长始终增长缓慢。麦肯锡公司的分析认为，如果美国的公立领域能够将其余私立领域的机构功能差距缩小一半的话，生产率就能够提升5%到15%，每年节约1000到3000亿美元。网址：www.mckinsey.com/mgi/publications/growth_and_renewal_in_the_us/index.asp。
12. S. L. Robertson, "Globalisation, GATS, and Trading in Education Services," in *Supranational Regimes and National Education Policies—Encountering Challenge,* ed. J. Kali and R. Rinne. Helsinki: Finnish Education Research Association, 2006; S. Robertson and R. Dale, "The World Bank, the IMF, and the Possibilities of Critical Education," in *International Handbook of Critical Education,* New York: Routledge,

2009.
13. 参见世界银行教育私有化促动中心学者詹姆斯·杜力的作品 James Tooley, *The Beautiful Tree,* Washington, DC: Cato Institute Press, 2009.
14. Greg Toppo, "Union Claims Filipino Teachers Put in 'Virtual Servitude' in Louisiana," *USA Today,* October 1, 2009, 网址：www.usatoday.com; Kenneth J. Saltman, *Capitalizing on Disaster: Taking and Breaking Public Schools,* Boulder, CO: Paradigm, 2007.
15. Kenneth J. Saltman, *Collateral Damage: Corporatizing Public Schools—A Threat to Democracy,* Lanham, MD: Rowman and Littlefield, 2000; 以及 Henry A. Giroux, *The Terror of Neoliberalism,* Boulder, CO: Paradigm, 2005.
16. 2008 年，美国政府对银行和汽车工业的救助使美国公民免于陷入更大的债务之中，但是布什和奥巴马班子决定以商业为救助对象，而不是购房者、学生和因为欺诈性房产泡沫而身负重债的人，此举加重了无数公民的负债程度，将企业获得巨额营利的压力转嫁到了公民个人头上。从这个角度来讲，政府救助和有利于企业的税收和福利制度在一定程度上帮助财富被重新分配到社会顶层。
17. 参见 Alex Molnar, Gary Miron, and Jessica Urschel, "Profiles of For-Profit Educational Management Organizations: Eleventh Annual Report," September 2009, Commercialism in Education Research Unit, 网址：http://epicpolicy.org/files/08-09%20profiles%20report.pdf.
18. 参见 Kenneth J. Saltman, *Capitalizing on Disaster: Taking and Breaking Public Schools,* Boulder, CO: Paradigm, 2007; 以及 Kenneth J. Saltman, *Schooling and the Politics of Disaster,* New York: Routledge, 2007.
19. 关于公立学校私有化及商业化的领域和范围，艾利克斯·莫尔那（Alex Molnar）的教育政策研究图书馆网上学校商业化年度报告给出了最新、最清楚的分析，网址：www.schoolcommercialism.org, 以及 Alex Molnar, *School Commercialism,* New York: Routledge, 2005. 另参见 Deron Boyles (ed.), *Schools or Markets? Commercialism, Privatization and School-Business Partnerships,* New York: Lawrence Erlbaum, 2004; Joel Spring, *Educating the Consumer-Citizen,* New York: Lawrence Erlbaum, 2003; 以及 Alfie Kohn and Patrick Shannon (eds.), *Education, Inc.,* Portsmouth, NH: Heinemann, 2002. 另参见 Kenneth Saltman, "Essay Review of *Education, Inc.,*" *Teachers College Record,* 2003.
20. 大部分关于特许学校对学生学习的影响的研究已经证实，特许学校的教学水平与传统学校持平，或低于传统公立学校。其中规模最大、最重要的两个研究，分别是由马丁·卡诺伊（Martin Carnoy）、R. 雅各布森（R. Jacobsen）、L. 米歇尔（L. Mishel）、理查德·洛斯泰因（R. Rothstein）进行的 2004 年美国教育进展评价研究 *The Charter School Dust Up: Examining the Evidence on Enrollment and Achievement,* Washington, DC: Economic Policy Institute, 2005; 以及斯坦福教育成果研究中心的研究，题为《多种选择：16 个州的特许学校成果分析》（*Multiple Choice:*

Charter School Performance in 16 States），2009 年，网址：http://credo.stanford.edu/reports/MULTIPLE_CHOICE_CREDO.pdf. 其他研究包括 E. Bodine, B. Fuller, M. González, L. Huerta, S. Naughton, S. Park, and L. W. Teh, "Disparities in Charter School Resources—The Influence of State Policy and Community," *Journal of Education Policy,* 23, 1 (2008): 1–33; K. Finnigan, N. Adelman, L. Anderson, L. Cotton, M. B. Donnelly, and T. Price, *Evaluation of the Public Charter Schools Program: Final Evaluation Report,* Washington, DC: U.S. Department of Education, 2004; H. F. Ladd and R. P. Bifulco, *The Impacts of Charter Schools on Student Achievement: Evidence from North Carolina,* Working Paper SAN04-01, Durham, NC: Terry Sanford Institute of Public Policy, Duke University, 2004; F. H. Nelson, B. Rosenberg, and N. Van Meter, *Charter School Achievement on the 2003 National Assessment of Educational Progress,* Washington, DC: American Federation of Teachers, 2004; What Works Clearinghouse, *WWC Quick Review of the Report "Multiple Choice: Charter School Performance in 16 States,"* Washington, DC: Center for Research on Education Outcomes, 2010.

21. 参见 Kenneth J. Saltman, *The Gift of Education: Public Education and Venture Philanthropy,* New York: Palgrave Macmillan, 2010.
22. 参见 Linda Darling-Hammond, *The Flat World and Education,* New York: Teachers College Press, 2010.
23. 2009 年 10 月 27 日，我在路易斯安那州雷维尔的里奇兰德（Richland）艺术中心做了讲座，讲座的赞助方是路易斯安那州学校董事会协会，该协会为我提供了往返机票。当地的《新星报》（*New Star*）对这次讲座做了报道，题为"教育家谈私有化的影响"（"Educators Discuss Private Influence"），发表时间为 2009 年 11 月 15 日。路易斯安那州公立特许学校协会主席卡洛琳·柔默·雪利在《新星报》的评论中对我的观点大加抨击，她竟然声称非营利性特许学校并不能算作私有化形式、爱迪生教育和 SABIS 式营利性教育机构中的翘楚。我提出要自己刊发评论回应雪利女士的观点，但《新星报》不予回应，因此我在她文章后的公开留言中分数次发表了自己的观点，然而该评论和留言似乎已经被该报网站删除。
24. Andy Smarick, "The Turnaround Fallacy," *Education Next* 10, 1 (2010).
25. Kenneth Saltman, *Capitalizing on Disaster: Taking and Brenking Public Schools,* Boulder, CO: Paradigm, 2007, p. 32.
26. Richard Lee Colvin, "Chapter 1: A New Generation of Philanthropists and Their Great Ambitions," in *With the Best of Intentions,* ed. Frederick Hess, Cambridge, MA: Harvard Education Press, 2005, p. 21.
27. Rick Cohen, "Strategic Grantmaking: Foundations and the School Privatization Movement," *National Committee for Responsive Philanthropy,* November 2007, p.5, available at www.ncrp.org/index.php? option-com_ixxocart&Itemid-41&p-

product&id-4&parent-3.

28. 参见 Kenneth Saltman, *Collateral Damage: Corporatizing Public Schools—A Threat to Democracy,* Lanham, MD: Rowman and Littlefield, 2000; *The Edison Schools: Corporate Schooling and the Assault on Public Education,* New York: Routledge, 2005; 以及 *Capitalizing on Disaster: Taking and Breaking Public Schools,* Boulder, CO: Paradigm, 2007.
29. 新自由主义的经济信条是应该让公共利益、公共服务实现私有化、市场去管制、直接外国投资以及货币主义。新自由主义代表了市场原教旨主义的观点，这种观点治理下的国家必定难以摆脱官僚体制沉疴缠身、效率低下的命运，只能依赖市场实现原来国家管理的成就。新自由主义设想将整个社会进行私有改造，希望经济理性能够扩展到每个社会领域。由于这种观念，唯一合法的集体所有权领域只能是市场，公共领域因此消失，人被定义成首先作为经济行为者存在，要么是工人要么是消费者。这样来看，国家应该运用自己的权力去扶植市场，而民主成为一项管理业务，最好交给市场而非公众思考。
30. Pierre Bourdieu, *Firing Back: Against the Tyranny of the Market,* New York: New Press, 2003.
31. 参见 Joel Spring, *Educating the Consumer-Citizen,* New York: Lawrence Erlbaum, 2003.
32. 《芝加哥读者》报有期奥拉夫斯基关于税收增量融资区文章的存档；网址：www.chicagoreader.org。
33. 参见 Dorothy Shipps, *School Reform Corporate Style: Chicago 1880–2000,* Lawrence: University Press of Kansas, 2006.
34. 网址：www.latimes.com/news/local/teachers–investigation/。
35. 2010 年 9 月 9 日在学术研究数据库网站以"增值评价"为关键词搜索，只能找到 33 篇关于"增值模式"的经过同行审议的学术文章，其中有几篇与该题目无实质联系，基于实证调查的研究结果仅有 7 篇。以"增值模式"为关键词搜索，结果为 60 篇经过同行审议的学术文章，但是这些文章与以"增值评价"为关键词搜索的结果重叠。对比一下以"特许学校"为关键词的搜索结果，578 条同行审议的学术文章，我们就能看出这些关于增值评价的研究成果数量是如何的小。考虑到增值评价改革已经形成大幅度的影响，这方面研究的缺乏是触目惊心的。
36. 参见 Eva L. Baker et al., "Problems with the Use of Student Test Scores to Evaluate Teachers," EPI Briefing Paper #276, August 29, 2010, 网址：http://epi.3cdn.net/724cd9aleb91c40ff0_hwm6iij90.pdf.
37. 比尔·盖茨夫妇基金会和布罗德基金会的努力，目的是实现与学生成绩挂钩的教师评价体系，这些被详细记录在我的著作中。参见：*The Gift of Education: Public Education and Venture Philanthropy,* NewYork: Palgrave Macmillan, 2010.
38. 有关增值模式最新的批评意见请参见 Eva L. Baker et al., "Problems with the Use of Student Test Scores to Evaluate Teachers," EPI Briefing Paper #276, August 29, 2010, 网址：

http://epi.3cdn.net/724cd9aleb91c40ff0_hwm6iij90.pdf; Gerald Bracey, "Value-Added Models Front and Center," *Phi Delta Kappan* 87, 6 (February 2006), pp. 478–479; 以及 Jennifer L. Jennings and Sean P. Corcoran, "Beware of Geeks Bearing Formulas," *Phi Delta Kappan* 90, 9 (May 2009), pp. 635–639.

39. Carl Bialik, "Needs Improvement: Where Teacher Report Cards Fall Short," *Wall Street Journal,* August 21, 2010, 网址：http://online.wsj.com/article/SB10001424052 748704476104575440100517520516.html? KEYWORDS-needs+improvement.

40. 对于肥皂制造业的文化政治分析，参见 Anne McLintock, *Imperial Leather: Race, Gender, and Sexuality in the Colonial Contest,* New York: Routledge, 1995.

41. Rick Dasog, "BP Aids State's School Content," *Sacramento Bee,* September 7, 2010, p. 1A, available online at www.sacbee.com/2010/09/07/3009448/bp-aids-statesschool-content.html#storylink-scinlineshare. 罗宾·特鲁斯·古德曼（Robin Truth Goodman）曾经分析过，这不是英国石油公司第一次掺和进学校科学、自然和环境教育。参见 Kenneth J. Saltman and Robin Truth Goodman, "Rivers of Fire: BPAmoco's Impact on Education," in Kenneth J. Saltman and David Gabbard, *Education as Enforcement: The Militarization and Corporatization of Schools,* 2nd ed., New York: Routledge, 2010.

42. 琳达－哈蒙德对最近的国际比较研究和研究汇总在《平面世界与美国教育》（The Flat World and Education, NewYork: Teachers college press, 2010.）中有更多分析。她在这方面提供了不可或缺的信息，但同时，在书中她也认为新自由主义理念能够在全球实现公平资助和去除种族歧视——书的题目因此借鉴了《纽约时报》专栏作家托马斯·L. 弗莱德曼（Thomas L. Friedman）的著作《世界是平的》。我在第四章对她的观点进行了详细的阐述。

43. 参见 Henry Giroux, *Youth in a Suspect Society: Democracy or Disposability?* New York: Palgrave Macmillan, 2009.

44. 新自由主义和庸俗马克思主义将教育贬低为经济主义，对此的批评，参见我的著作 Kenneth J. Saltman, *The Gift of Education: Public Education and Venture Philanthropy,* New York: Palgrave Macmillan, 2010, Chapter 6, "Education Beyond Economism."

45. 参见 Henry Giroux, *Teachers as Intellectuals,* Westport, CT: Bergin and Garvey, 1988.

46. 更多的教师薪酬、教师淘汰、全国及国际比较的实证研究论据，参见 Linda Darling-Hammond, *The Flat World and Education,* New York: Teachers College Press, 2010. 她提供的信息是有价值的，但令人遗憾的是，她在书中也掺杂了自己从新自由主义国际化视角出发，对全国教育资源进行平等化的自由主义观念，认为要在全球经济竞争中占据一席之地，必须先确立一个全国目标。

47. 参见 Deborah Curtis, Deborah Bordelon, and Kenneth Teitelbaum, "Keep a Focus on Meaningful Reform Agendas Instead of Political Agendas," *Planning and Change* 41, 3/4(2010), pp. 133–146.

48. 同上。
49. 我把这个问题放在公立教育私有化的大背景中讨论，详见 Kenneth J. Saltman, *The Edison Schools: Corporate Schooling and the Assault on Public Education,* New York: Routledge, 2005. 在企业化媒体的背景下的讨论，详见 John Nichols and Robert McChesney, *The Death and Life of American Journalism,* New York: Nation Books, 2011. 爱德华·赫曼（Edward Herman）和诺姆·乔姆斯基（Noam Chomsky）在《制造共识》（*Manufaturing Consent*）这本书中批判了政治经济给人造成的意识形态局限，除此之外，对其提出批评的还有媒体人萨特·加利（Sut Jhally）。高等教育领域里，已经将赫伯特·希勒（Herbert Shiller）、达拉斯·斯迈斯（Dallas Smythe）等人致力分析所有权和所有物关系的重要的大众传播研究逐出传播课程范畴，原因是随着公共关系和通讯学科日益扩展，这个领域已经严重商业化，极为依赖企业"伙伴关系"。这就更加验证了我们的观点。另参见 Henry Giroux and Grace Pollock, *The Mouse that Roared: Disney and the End of Innocence,* 2nd ed., Lanham, MD: Rowman and Littlefield, 2010.
50. 参见亨利·吉鲁在 *Teachers as Intellectuals,* Westport, CT: Bergin and Garvey, 1988 一书中对教师所做的两类界定：一类是传统的教师；另一类是能够批判、能够转变教育对象的知识分子。
51. 曾任奥巴马班子幕僚长的伊曼纽尔在担任芝加哥市长的首届任期之前，曾经承诺要让这个美国第三大地区的"城市学校"数量翻一番。这些旨在"诊断问题"、改变现状的另类证书课程能得到私人基金会的赞助和政府拨款，每位教师开始执教时，都会得到 2 万到 3 万美元的补助。
52. 这部著作批判揭露了投资慈善家对于美国教育政策的不可撼动的中心地位。Kenneth J. Saltman, *The Gift of Education: Public Education and Venture Philanthropy,* New York: Palgrave Macmillan, 2010; 另参见 Philip Kovacs (ed.), *The Gates Foundation and the Future of U.S. "Public" Schooling,* New York: Routledge, 2010.
53. 参见 Kenneth J. Saltman, "The Right-Wing Attack on Critical and Public Education in the United States: From Neoliberalism to Neoconservatism, *Cultural Politics 2,* 3 (November 2006).
54. 参见 Editorial, "Pass/fail/fail/fail," *Chicago Tribune,* June 26, 2011, p. 22.
55. 参见 Giroux's *Stormy Weather,* Boulder, CO: Paradigm, 2006; Zygmunt Bauman's *Wasted Lives,* Boston: Polity, 2004; 另参见 Jean Baudrillard's *Consumer Society,* Thousand Oaks, CA: Sage, 1998.
56. 参见 Slavoj Zizek, *Living in the End Times,* New York: Verso, 2011.
57. 在"文化、政治和教育"（"Culture, Politics, and Pedagogy"）一文中，吉鲁对此有非常精彩的评述。媒体教育基金会，2006 年，网址：www.mediaed.org/ cgi-bin/commerce. cgi? preadd-action&key-130.

58. 参见 Joel Spring, *Educating the Consumer-Citizen,* Mahwah, NJ: Lawrence Erlbaum Assoc. Inc., 2003; 以及 Dorothy Shipps, *School Reform Corporate Style,* Lawrence: University Press of Kansas, 2006.
59. Thomas L. Friedman, "The New Untouchables, *New York Times,* October 20, 2009, p. A31.
60. 参见 Henry Giroux, "Introduction: Expendable Futures: Youth and Democracy at Risk" and "In the Shadow of the Gilded Age," in *Youth in a Suspect Society: Democracy or Disposability?* New York: Palgrave Macmillan, 2009.
61. 《向阿富汗派遣一个士兵的代价》（"The Cost of a Soldier Deployed in Afghanistan"），2011年2月22日，网址：http://marketplace.publicradio.org/display/web/2011/02/22/am-the-cost-of-a-soldier-deployed-in-afghanistan/.

第二章

1. 不论是像保罗·T. 希尔（Paul T. Hill）这样的投资组合学区领导者，还是像亨利·勒文（Henry Levin）这样热衷实现效率的自由主义者，抑或是像我这样在政治和伦理道德问题上持批判态度的人，都不认为我们有希望能在将来确立方法以评价投资组合学区的成败。参见 P. Hill, C. Campbell, and D. Menefee-Libey, *Portfolio School Districts for Big Cities: An Interim Report,* Seattle: Center on Reinventing Public Education, University of Washington, 2009. 另参见由卡特里娜·巴尔克利（Katrina Bulkley）、杰弗雷·海内格（Jeffrey Henig）、亨利·勒文编辑汇总的作品，*Between Public and Private: Politics, Governance, and the New Portfolio Models for Urban School Reform,* Cambridge, MA: Harvard Education Press, 2010.
2. P. Hill, C. Campbell, and D. Menefee-Libey, *Portfolio School Districts for Big Cities: An Interim Report.* Seattle: Center on Reinventing Public Education, University of Washington, 2009, p. 6.
3. 必须说明的是，对投资组合学区改革因素的实证研究之初，只有理论假设和追求目标。我指出对投资者学区模式的研究缺乏实证支撑，并不是说实证研究就天然地优于其他政策研究，也不是说"数字说明一切"。要开始实证研究，首先要有充足理论化基础上特殊的框架假设。好在社会科学领域里，以实证为基础的研究对研究者的假设有充分的理论化。源远流长的激进客观主义倾向于摆脱研究者的主观立场和主观主义关于框架假设对研究的影响，被称为"实证主义"。实证主义在教育中已经被批驳得体无完肤。有关文章例如 H. A. Giroux, *Theory and Resistance in Education*, Westport, CT: Bergin and Garvey, 1983.
4. 未经同行审议，提倡投资组合学区而不包含任何实证论据，也并未建立在学术研究基础上的报告包括 P. Hill, C. Campbell, and D. Menefee-Libey, *Portfolio*

School Districts for Big Cities: An Interim Report, Seattle: Center on Reinventing Public Education, University of Washington, 2009; A. Cavanna, J. Olchefske, and S. Fleischman, "The Potential of the Portfolio Approach," *Educational Leadership* 63, 8 (2006), pp. 89–91; 以及 J. M. Brodie, "Study: Portfolio Districts 'Promising Works in Progress,'" *Education Daily* 42, 173 (October 8, 2009), pp. 1–3. 目前不存在经同行审议的提倡或否认投资组合学区改革的实证研究。

5. 重塑公立教育中心网站（www.crpe.org/cs/crpe/print/csr_docs/home.htm）提出，公立教育经常"无法实现教育好所有孩子的目标"。他们要改善公立教育，其结果不是加强了公立教育的方方面面，而是通过一系列的措施，包括竞争、选择和企业化管理，让公立教育体系看起来更类似一个私有体制。

6. P. Wohlstetter and K. McCurdy, "The Link Between School Decentralization and School Politics," *Urban Education* 25, 4 (January 1991), pp. 391–414.

7. 同上。

8. S. Grosskopf and C. Moutray, "Evaluating Performance in Chicago Public High Schools in the Wake of Decentralization," *Economics of Education Review* 20 (2001), pp. 1–14.

9. "旧式"和"新式"去中心化之间最重要的区别，包括新式去中心化对教师自治权的削弱，尤其是在特许学校中。"旧式"去中心化观念，强调教师的自治，参见 P. A. White, "Teacher Empowerment Under 'Ideal' School Site Autonomy," *Educational Evaluation and Policy Analysis* 14, 1 (Spring 1992), pp. 69–82. 削弱教师公会的作用，尤其是在特许学校里，以及以产出和测试结果为基础的问责制导致教师自治权受到损伤，因此，在教师自主控制这方面，"新式"离心化与"旧式"离心化几乎是截然相反、背道而驰的。

10. 参见 J. R. Henig and W. C. Rich (eds.), *Mayors in the Middle: Politics, Race, and Mayoral Control of Urban Schools,* Princeton, NJ: Princeton University Press, 2003. 另参见 S. Grosskopf and C. Moutray, "Evaluating Performance in Chicago Public High Schools in the Wake of Decentralization," *Economics of Education Review* 20 (2001), pp. 1–14.

11. William G. Ouchi, "Power to the Principals: Decentralization in Three Large school Districts," *Organization Science* 17, 2 (2006), pp. 298–307，这篇文章提出，去中心化要成功，最关键的决定性因素是让校长手中持有财权。他的研究声称，在实行校长负责制的学校里，去中心化和校长决定"用人、工作安排和教学方法"相结合，让学校自己决定管理办法，然后进行仔细审核，从而实现了学生成绩的提升。他的研究范围包括埃德蒙顿、埃尔伯塔、休斯敦和西雅图等地。投资组合学区模式强调市长或政府应当借危机或灾难之机接管教育、启动投资组合学区模式，然后，"投资组合学区理念就会被不同寻常的领导团队付诸实施，这些人可能包括律师、工商管理硕士、公共政策专家或者背景不寻常的教育专家，例如'为美国而教'的那些人。这些人通常是从其他利润丰厚的职业招募而来的；给传统地方学校董事会招募人马的猎头们的名单上没有他们。"奥奇所强调的、据他称是成效显著的校长负责制表面上看不是重塑公立教育中心所强调的市长 / 政府 / 领导团队的一部分。参见 P. Hill, C. Campbell, and D. Menefee-Libey, *Portfolio School Districts for Big Cities: An Interim Report*, Seattle: Center on Reinventing Public Education, University of Washington, 2009, p. 8.

12. P. Hill, C. Campbell, and D. Menefee-Libey, *Portfolio School Districts for Big Cities: An Interim Report,* Seattle: Center on Reinventing Public Education, University of Washington, 2009.

13. 同上，第 6 页。

14. 利用灾难之机，实现市场基础之上的激进教育实验的观念早于 2005 年飓风卡特里娜出现，但是飓风的到来被大众媒体和政界当成不可错过的良机，他们在飓风后大力宣扬以市场基础之上的激进教育实验来进行教育的重塑。保罗·希尔和简·汉那威（Jane Hannaway）合写了一份很有影响力的报告，这份报告呼吁拒绝重建新奥尔良公立学校，以私有教育体系取而代之。参见 P. Hill and J. Hannaway, *The Future of Public Education in New Orleans,* Washington, DC: Urban Institute, 2006, retrieved May 26, 2010, from www.urban.org/UploadedPDF/900913_public_education.pdf. 我对这段飓风后的新奥尔良州的问题提出了细致的批判。详见我的著作 K. J. Saltman, *Capitalizing on Disaster: Taking and Breaking Public Schools,* Boulder, CO: Paradigm, 2007, Chapter 1, "Silver Linings and Golden Opportunities." 对此也有提及的，参见 Naomi Klein, *The Shock Doctrine,* New York: Metropolitan Books, 2007.

15. 在学术研究数据库网站的搜索标准列在表格 2.1、2.2 和 2.3 中。我以"投资组合学区"为关键词搜索得到的结果是三篇文章。其中无一能提供在教育水平提升或成本降低方面的论据。以"投资组合学校"为关键词，搜索的结果是三篇相关文章与其他搜索结果重叠，也不包含任何论据。这些搜索的结果都不包含经过同行审议的研究。在学术研究数据库网站以"特许学校"和"成本"为关键词搜索，获得八篇 2002—2009 年间经过同行审议的期刊文章，但是没有一篇比较特许学校和传统公立学校的教学成本。在学术研究数据库网站以"不让一个孩子掉队"和"学生成绩"为关键词搜索，获得 53 篇经同行审议的文章全文。有几篇文章指出"不让一个孩子掉队"项目未能达成自己设定的目标，即提升学生成绩或降低白人和少数族裔孩子之间的所谓成绩差异，但是大部分研究指出的是以选拔性考试为基础的问责制存在的方法论、理论和实践中的问题。这些研究没有一个认为，"不让一个孩子掉队"实现原定目标的。表格 2.1 的搜索包含以不同方式交叉引用的"投资组合学区"的城市和地区名称，也包含以这种变化方式来交叉引用的"学生成绩"和"成本"。表格 2.2 的搜索关键词列在表格中。

16. 大多数针对特许学校提升成绩的研究表明，特许学校与公立学校表现相差无几，或者还不如传统学校。其中范围最大、影响最深远的有两项研究，其一为2004年美国教育进展评价项目，参见 Martin Carnoy, R. Jacobsen, L. Mishel, and R. Rothstein, *The Charter School Dust Up: Examining the Evidence on Enrollment and Achievement,* Washington, DC: Economic Policy Institute, 2005；另一项研究是斯坦福教育成果研究中心的，题为：《特许学校资源差异——国家政策和社群的影响》(*Disparities in Charter School Resources—The Influence of State Policy and Community*)，2009年，网址：http://credo.stanford.edu/reports/MULTIPLE_CHOICE_CREDO.pdf. 其他值得关注的研究请参见第一章，第20条尾注。

17. P. Hill, C. Campbell, and D. Menefee-Libey, *Portfolio School Districts for Big Cities: An Interim Report,* Seattle: Center on Reinventing Public Education, University of Washington, 2009, p. 46. 该报告的作者写道："但是，我们不可能一言以蔽之地回答这个问题：'采用投资组合学区措施的城市因此而受益了吗'？原因很多，其中一个原因就是投资组合学区开展的地区不同，完成进度也各有不同。举例来说，2005年和2006年，新奥尔良除了独立投资者合作开办学校之外，没有别的方案可以选择。如果说投资组合学区是政府提供教育的唯一方式，之前没有任何教育机构存在，必须说，投资组合学区措施是有成效的。但是在其他城市里，如果学龄儿童在该地区采用该制度之前就可以保证入学，就不可能判断投资组合学区是成功的。"尽管我也认为衡量投资组合学区的成就很难，但是我认为，这些作者不管不顾地推行基于考试的问责制，在没有依据的情况下仍然主张实行投资组合学区制度有些匪夷所思。此外，上面引用的一段话中说，新奥尔良州"除了与独立投资者合作开办学校之外没有别的选择"也与实际情况不符。实际上，卡特里娜飓风刚过，保罗·希尔就不遗余力地向新奥尔良州政府和立法机构建议：不要重建该州的公立学校，要将整个体系私有化。参见 P. Hill and J. Hannaway, *The Future of Public Education in New Orleans,* Washington, DC: Urban Institute, 2006, retrieved May 26, 2010, from www.urban.org/UploadedPDF/900913_public_education.pdf. 那些以市场为导向的智囊团借海湾沿岸天灾之机，推行伺伏已久的私有化计划、特许学校、教育券和无招标合同，对此的详细分析参见 K. J. Saltman, *Capitalizing on Disaster: Taking and Breaking Public Schools,* Boulder, CO: Paradigm, 2007, Chapter 1, "Silver Linings and Golden Opportunities." 对于更多飓风之后新奥尔良州的事实依据参见 K. E. Bulkley, *Review of "Fix the City Schools: Moving All Schools to Charter-like Autonomy,"* Boulder, CO, and Tempe, AZ: Education and the Public Interest Center and Education Policy Research Unit, 2010, retrieved May 26, 2010, 网址：http://epicpolicy.org/thinktank/review-fix-city-schools.

18. 专门旨在进行这样的批判的项目为数不多，参见 Kristen Buras, *Pedagogy, Politics, and the Privatized City: Stories of Dispossession and Defiance from New Orleans,* New York: Teachers College Press, 2010.

19. 参见 K. E. Bulkley, *Review of "Fix the City Schools: Moving All Schools to Charter-like*

Autonomy," Boulder, CO, and Tempe, AZ: Education and the Public Interest Center and Education Policy Research Unit, 2010, retrieved May 26, 2010, 网址：http://epicpolicy.org/thinktank/review-fix-city-schools；以及 G. Miron and B. Applegate, *Review of "Multiple Choice: Charter School Performance in 16 States,"* Boulder, CO, and Tempe, AZ: Education and the Public Interest Center and Education Policy Research Unit, 2009, retrieved April 2, 2010, 网址：http://epicpolicy.org/thinktank/ review-multiple-choice. 关于路易斯安那州，另参见议员 Thomas Robichaux, "Louisiana Schools Improved, But Who Is Responsible?" *Bayou Buzz,* October 19, 2009, 网址：www.bayoubuzz.com/News/Louisiana/Government/Louisiana_Schools_Improved_ But_Who_Is_Responsible_9670.asp. 另参见 E. Sullivan and D. Morgan, *Pushed Out: Harsh Discipline in Louisiana Schools Denies the Right to Education,* New York and New Orleans: National Economic and Social Rights Initiative, and Families and Friends of Louisiana's Incarcerated Children, 2010. 关于公立学校和特许学校中开除校籍的问题，以及关于运行情况的说法的意义，后一本著作提出了重要的问题。另参见克里斯滕·布拉斯（Kristen Buras）关于新奥尔良和路易斯安那州的著作。

20. 在学术研究数据网站以"投资组合学区"为关键词，搜索结果为三篇文章，无一能提供学生成绩提高或办学成本降低方面的论据。以"投资组合区"为关键词，搜索结果是三篇相关文章，无一包含论证依据。以"投资组合学校"为关键词，搜索结果为与其他搜索结果重叠但不包含依据的三篇文章。这些搜索结果当中，没有一篇包含学术同行审议的研究。这些提倡投资组合学区制度的未经审议、不包含论据的文章包括 P. Hill, C. Campbell, and D. Menefee-Libey, *Portfolio School Districts for Big Cities: An Interim Report,* Seattle: Center on Reinventing Public Education, University of Washington, 2009; A. Cavanna, J. Olchefske, and S. Fleischman, "The Potential of the Portfolio Approach," *Educational Leadership* 63, 8 (2006), pp. 89-91; and J. M. Brodie, "Study: Portfolio Districts 'Promising Works in Progress,'" *Education Daily* 42, 173 (2009), pp. 1–3.

21. P. Hill, C. Campbell, and D. Menefee-Libey, *Portfolio School Districts for Big Cities: An Interim Report,* Seattle: Center on Reinventing Public Education, University of Washington, 2009, p. 10.

22. 同上，第9页。

23. 同上，第46页。

24. 同上。

25. 同上，第47页。

26. 同上。

27. 同上。

28. 同上，第47—48页。

29. S. Banchero, "Daley School Plan Fails to Make Grade," *Chicago Tribune,* January 17, 2010, p. 1.

30. 同上。
31. D. Humphrey, V. Young, K. Bosetti, L. Cassidy, E. Rivera, H. Wang, S. Murray, and M. Wechsler, *Renaissance Schools Fund-Supported Schools: Early Outcomes, Challenges, and Opportunities,* Menlo Park, CA: SRI International, 2009, retrieved May 26, 2010, 网址：http://policyweb. sri.com/cep/publications/RSF_FINAL_April_15v2.pdf.
32. S. Banchero, "Daley School Plan Fails to Make Grade," *Chicago Tribune,* January 17, 2010, p. 1.
33. 同上。
34. 同上。
35. 斯坦福教育成果研究中心的一项研究,《特许学校资源的差异——州政策与社群的影响》(*Disparities in Charter School Resources—The Influence of State Policy and Community*); 网址：http://credo.stanford.edu/reports/MULTIPLE_CHOICE_CREDD.pdf.
36. 请参见 G. Miron and B. Applegate, *Review of "Multiple Choice: Charter School Performance in 16 States,"* Boulder, CO, and Tempe, AZ: Education and the Public Interest Center and Education Policy Research Unit, 2009, retrieved April 2, 2010, 网址：http://epicpolicy.org/thinktank/review-multiple-choice. 关于路易斯安那州, 另参见 Senator Thomas Robichaux, "Louisiana Schools Improved, But Who Is Responsible?" *Bayou Buzz,* October 19, 2009, 网址：www.bayoubuzz. com/News/Louisiana/Government/Louisiana_Schools_Improved_But_Who_Is_Responsible_9670.asp.
37. P. Hill, C. Campbell, and D. Menefee-Libey, *Portfolio School Districts for Big Cities: An Interim Report,* Seattle: Center on Reinventing Public Education, University of Washington, 2009, p. 39.
38. 同上。
39. 同上, 第 40 页。
40. 参见 K. J. Saltman, *The Gift of Education: Public Education and Venture Philanthropy,* New York: Palgrave Macmillan, 2010.
41. 在学术研究数据库网站以"特许学校"和"成本"为关键词搜索, 获得八篇 2002—2009 年间经过同行审议的期刊文章, 但是没有一篇比较特许学校和传统公立学校的教学成本。
42. 在学术研究数据网站以"特许学校"和"成本"为关键词搜索, 获得 53 篇经同行审议的文章全文。有几篇文章指出"不让一个孩子掉队"项目未能达成自己设定的目标, 即提升学生成绩或降低白人和少数族裔孩子之间的所谓成绩差异, 但是大部分研究指出的是以选拔性考试为基础的问责制存在的方法论、理论和实践中的问题。这些研究没有一个认为, "不让一个孩子掉队"实现了原定目标。有关"不让一个孩子掉队"计划在学生学业成绩激励方面失败的概述, 以及相关有用的文献综述, 参见 H. Shirvani, "Does the No Child Left Behind Act Leave

Some Children Behind?" *International Journal of Learning* 16, 3 (2009), pp. 49–57.

43. 种族/民族的"成绩差距"这个观念与"学生成绩差距"概念都存在一些问题，原因大致相同。"成绩差距"的说法预设了一个前提，就是那些被认为是有普世价值的知识没有得到公平的传播。学校之外的社会、政治、经济和文化力量和塑造因素共同形成学生校内外的生活经历，要理解这个过程，本地知识和学生经历是基础，而这个知识框架则完全无视这一点。认识到这一点关系到多个重要的问题，例如公立教育的大目标、学生学习动机和学习媒介。尽管过去的一些传统教育理念，例如杜威的重塑、批判教学法和文化关联教学法，都对此有所涉猎，但是现在对数字衡量的测试结果的倾向想当然地认为，教学目标就是由知识掌握最好的人来传授知识这个过程的实现。这个观点是教条主义的，不符合知识是如何在最高层次的学术研究中得到形成的，而这个过程中，对话、理性沟通和同行评议才是关键中的关键。

44. H. Shirvani, "Does the No Child Left Behind Act Leave Some Children Behind?" *International Journal of Learning* 16, 3 (2009), pp. 49–57.

45. P. Hill, C. Campbell, and D. Menefee-Libey, *Portfolio School Districts for Big Cities: An Interim Report,* Seattle: Center on Reinventing Public Education, University of Washington, 2009, p. 48.

46. 参见 K. J. Saltman, *The Gift of Education: Public Education and Venture Philanthropy,* New York: Palgrave Macmillan, 2010, p. 1.

47. 同上。

48. 关于四大投资组合学区的数个项目，详情参见 P. Hill, C. Campbell, and D. Menefee-Libey, *Portfolio School Districts for Big Cities: An Interim Report,* Seattle: Center on Reinventing Public Education, University of Washington, 2009, p. 31. 关于支持慈善事业的讨论，参见第39—40页。

49. 网址：www.pdaillinois.org/site/node/398.

50. 参见 J. Blair, D. J. Hoff, B. Keller, and K. K. Manzo, "Teacher Distribution Hurts Poor Schools, AASA Warns," *Education Week* 21, 25 (2002), p. 18, retrieved April 17, 2010, from Research Library Core, Document ID 110600608. 另参见 Linda Darling-Hammond, *The Flat World and Education,* New York: Teachers College Press, 2010.

51. 我在我的作品中讨论了投资慈善家在教育领域的私有化努力和奥巴马政府的教育政策，参见 *The Gift of Education: Public Education and Venture Philanthropy,* New York: Palgrave Macmillan, 2010. 这本书分析了教育部长邓肯从市场视角出发将学校群视作投资组合区的观点。在复兴教育基金会举办的"自由选择、自由成功：公立教育新市场"活动现场致辞时，时任芝加哥公立教育总裁的邓肯的开幕词言之凿凿、毫无依据地对芝加哥2010复兴计划的投资组合学区大唱颂歌。在公立学校学生成绩低迷的前提下，重塑公立教育中心是执行投资组合学区措施的主导力量。该中心的报告提出的结论是，尽管在实施措施后不可能确切地衡量学生成绩的提升，但是"自由选择"范围的拓宽足可以衡量成功。参见 P. Hill, C. Campbell, and D. Menefee-Libey, *Portfolio School Districts for Big Cities: An Interim Report,* Seattle: Center on Reinventing Public Education, University of Washington, 2009, pp. 47–48. 这样说来，重塑公立教育中心的观点就是，考试成绩可以用来证实，实施以市场为基础的选择方案无懈可击，但就是不能用来衡量实施的效果。或许这是政策专家各种招数都玩不转时，用得越来越顺手的瞒天过海法。美国企业家协会查尔斯·莫里（Charles Murray）提出了一个类似的说法：既然私有化形式之一的教育券实施之后以测试成绩来看并不奏效，就应该换一套评价标准。参见 C. Murray, Op-Ed: "Why Charter Schools Fail the Test," *New York Times,* May 4, 2010, www. nytimes. com/2010/05/05/opinion /05murray. html.

52. V. Byrnes, "Getting a Feel for the Market: The Use of Privatized School Management in Philadelphia," *American Journal of Education* 115 (2009), pp. 437-455; P. E. Peterson and M. M. Chingos, *Impact of For-Profit and Nonprofit Management on Student Achievement: The Philadelphia Intervention 2002-2008,* Working Paper PEPG 09-02, Cambridge, MA: Harvard University, Program on Education Policy and Governance, 2009.

53. 参见 G. Bracey, *Charter Schools' Performance and Accountability: A Disconnect,* Tempe, AZ: Education Policy Studies Laboratory, 2005, retrieved April 17, 2010, 网址：www. epicpolicy.org/files/EPSL-0505-113-EPRU-exec.pdf.

54. 参见"国际学生评估项目"，网址：http://nces.ed.g.ov/surveys/pisa.

55. D. C. Berliner and B. J. Biddle, "The Awful Alliance of the Media and Public- School Critics," *Education Digest* 64, 5 (1999), pp. 4–10, retrieved April 17, 2010, 来源：学术图书馆核心，档案号：38003652.

56. 参见，D. C. Berliner, *Poverty and Potential: Out-of-School Factors and School Success,* Boulder, CO, and Tempe, AZ: Education and the Public Interest Center and Education Policy Research Unit, 2009, retrieved April 17, 2010, 网址：http://epicpolicy.org/publication/poverty-and-potential; or see Jonathan Kozol's extensive works.

57. D. Shipps, *School Reform, Corporate Style: Chicago 1880–2000.* Lawrence: University Press of Kansas, 2006.

58. 参见琳达·达令–哈蒙德的著作 *The Flat World and Education,* New York: Teachers College Press, 2010.

第三章

1. Kenneth J. Saltman, *Collateral Damage: Corporatizing Public Schools—A Threat to Democracy,* Lanham, MD: Rowman and Littlefield, 2000.

2. 参见 John Nichols and Robert McChesney, *The Life and Death of American Journalism,* New York: Nation Books, 2011.
3. 新闻充斥公关内容的趋势已经极度泛滥，参见 Nichols and McChesney, *The Life and Death of American Journalism,* New York: Nation Books, 2011. 该著作对于"传媒业的衰落是由于因特网带来的收入锐减"提出了质疑。该书提出了十分有力的相反观点，认为传媒业被扼杀的真正原因，是企业化媒体的统治。作者认为，网络新闻的大部分内容不过是来自于传统报纸的报道。皮尤研究中心 2010 年 1 月 11 日披露的一项名为"新闻如何产生"（How News Happen）的传媒研究的结果也证实了这一观点，网址：www.journalism.org/analysis_report/how_news_happens. 这些事实都表明，谋利为主的媒体目标对于普通人为自我管理而获取信息的能力造成了毁灭性的打击。在企业化教育改革导致公立教育唯利是图的时代，公立教育受到的这种影响绝对不容小觑。
4. 对当代教育商业化的优秀研究成果，参见艾利克斯·莫尔那（Alex Molnar）、戴仑·博伊尔斯（Deron Boyles）、特雷弗尔·诺里斯（Trevor Norris）的作品。
5. 参见 Henry A. Giroux, "Schooling and the Culture of Positivism: Notes on the Death of History" and "Culture and Rationality in Frankfurt School Thought: Ideological Foundations for a Theory of Social Education," reprinted in *Pedagogy and the Politics of Hope: Theory, Culture, and Schooling,* New York: Westview, 1994.
6. 我对新市场实证主义和新市场官僚制度的观点源自我与艾力克斯·米恩斯（Alex Means）的一系列交谈。参见 Alex Means, *Schooling in the Age of Austerity,* New York: Palgrave Macmillan, 2013.
7. Theodor Adorno, *Introduction to Sociology,* Stanford, CA: Polity Press, 2000.
8. Mark Fisher, *Capitalist Realism: Is There No Alternative?* London: Zero Books, 2008.
9. 此处引用美国国家教育政策中心（NEPC）简报内容。
10. John Chubb and Terry Moe, *Politics, Markets, and America's Schools,* Washington, DC: Brookings Institution, 1990.
11. 参见 Michael Apple, *Ideology and Curriculum,* New York: Routledge, 2006; Henry Giroux, *Theory and Resistance in Education,* Westport, CT: Bergin and Garvey, 1983；另参见保罗·威利斯（Paul Willis）、斯坦利·阿洛诺维茨（Stanley Aronowitz）、简·安永（Jean Anyon）、迈克尔·扬（Michael Young）、吉奥夫·韦迪（Geoff Whitty）等人的研究，这些学者的研究与皮埃尔·布迪厄（Pierre Bourdieu）和路易斯·阿尔都塞（Louis Althusser）的"再生产理论"都有着密不可分的关系。
12. 参见 Antonio Gramsci, *Selections from the Prison Notebooks,* edited by Quintin Hoare, New York: International Publishers, 1971. 葛兰西思想的一个关键内容是：一个政治体想要获得独裁的控制，不仅需要动用武装暴动或者罢工的胁迫，还需要从属于它的知识分子将劳动阶级的特殊利益表达成一种新的常识。在葛兰西看来，在政治上获得胜利，意味着在教育上取得胜利。在当今美国，运用葛兰西理论价值最大的两个范例，是迈克尔·艾普尔（Michael Apple）的《意识形态与课程》（*Ideology and Curriculum*），和亨利·吉鲁的《身为知识分子的教师》（*Teachers as Intellectuals*）。

13. 参见 Raymond Williams, *The Long Revolution,* London: Chatto and Windus, 1961, p. 68. 书中 Williams 解释了为什么关于规则的意见争锋对于特殊阶级和文化集团文化权力的确定至关重要。其中有两个非常惹人注目的例子：一是托妮·莫里森（Toni Morrison）以小说而非学术文献面目写成的著作；二是网罗了保守人士和作家，而排斥了关注思想解放的学者的"公共核心知识运动"（Common Core Knowledge movement）趋势。

14. 参见 Pierre Bourdieu and Jean Claude Passeron, *Reproduction in Education, Society, and Culture,* 2nd ed., Thousand Oaks, CA: Sage, 1990. 对于资本存在形式的一个非常简洁的解释，参见 Pierre Bourdieu, "The Forms of Capital," pp. 46–58 in J. Richardson (ed.), *Handbook of Theory and Research for the Sociology of Education,* trans. Richard Nice, New York: Greenwood, 1986.

15. 布迪厄解释了阶级优势传递和继承的方式：一方面是父母的货币资本，供子女进入私立精英学校，获得社会资本或者社交网络；另一方面，父母提供的文化资本让子女获得有助于社交的知识、品位和性情。举例来说，职业人士的子女为何会由衷地热心学习课本内容、痴迷于博物馆的展览？原因就是这样的知识、品味和性情在学校会得到奖赏，而劳动阶级和贫穷学生的知识、品味和性情在学校会受到惩罚。看来中立的一些机制，例如考试，会奖励用功读书、有天赋的孩子。布迪厄指出，实际上，让阶级优势神圣不可侵犯、加重阶级优势或阶级之间的隔阂的根源，起源于家庭。经济资本、社会资本和文化资本这三种资本形式可以以不同的方式相互转化。

16. 参见 Henry A. Giroux, *Theory and Resistance in Education,* Westport, CT: Bergin and Garvey, 1983; and Stanley Aronowitz and Henry Giroux, *Education Still Under Siege,* Westport, CT: Bergin and Garvey, 1989.

17. 参见 Theodor Adorno, *Introduction to Sociology,* Stanford, CA: Polity Press, 2000.

18. 对于为何要保留现代主义的解放性因素，同时从后现代主义中提取它最优秀的成分，亨利·吉鲁在他的文章中做出了非常准确的解释。参见 Henry Giroux, "Rethinking the Boundaries of Educational Discourse: Modernism, Postmodernism, and Feminism," in *Pedagogy and the Politics of Hope: Theory, Culture, and Schooling,* New York: Westview, 1994.

19. 参见 Nancy Fraser, "From Discipline to Flexibilization? Rereading Foucault in the Shadow of Globalization," *Constellations* 10, 2 (2003), pp. 160–171.

20. 提出利用圆形监狱的监控来迫使囚犯自我约束的人是杰里米·本赛姆（Jeremy Bentham）。关于圆形监狱以及教育和其他领域中科技和监控手段的使用，参见米歇尔·福柯（Michel Foucault）的著作《规训与惩罚》（*Discipline and Punish*）。齐格蒙特·鲍曼在著作《全球化：人类的后果》（*Globalization: The Human Consequences*）中讨论加州的超高安全级别监狱——鹈鹕湾监狱时提出，伴随着原始权力对身体控制的增加，全景式监控越来越不重要了。纽约政体出版社，2000年。

21. 要了解"让每一个学生都成功"（Success for All）这个僵化的项目中阅读教学的细节和文本分析，参见 Kenneth J. Saltman, *The Edison Schools: Corporate Schooling and the Assault on Public Education*, New York: Routledge, 2005；戴安·拉维奇在著作《美国教育体系的存亡》（*The Death and Life of the Great American School System*）一书中，对"知识就是力量"（KIPP）系统的僵化手段不乏溢美之词。她认为，要求贫困及少数族裔学生形成握手用力、眼神接触稳定的习惯是理智之举，如此控制身体能让学生获得将来谋生的渠道、学习的成功。她强调对身体的操纵，是对殖民时期教育理念的重复，也符合她对于20世纪60年代民权运动时代之前的公立教育状况的怀念。由此可以看出她对文化的新保守主义观点。这种观点要求人们适应被认为具有普世价值、代表了整个人类利益和历史的欧洲中心主义的保守准则。这种教育方式的核心，是对强势集团和机构及其传统的臣服和顺从，而非从批判性教学传统出发，以教育作为追求自由、培养异见的途径。

22. 参见 Joel Bakan, *Childhood Under Siege,* New York: Free Press, 2011. 当今对药理学使用泛滥，目的在于自己把握在学习竞争中的药物使用量，相关内容可以在"脑力提升"（Boosting Brain Power）这个60分钟的节目中找到，时间：2010年4月25日，网址：www.cbsnews.com/video/watch/?id-6430949n&tag-contentBody; storyMediaBox.

23. 参见 Stanley Aronowitz, *Against Schooling: For an Education that Matters,* Boulder, CO: Paradigm, 2007.

24. Mark Fisher, Capitalist Realism: *Is There No Alternative?* Washington, DC: Zero Books, 2009。书中费舍尔写道，资本主义"更像是一种无处不在的氛围，不仅操控着文化的形成，而且也影响着劳动和教育的管理，成为一道无形的墙，禁锢着思想和行为。"（第16页）。

25. 我曾经提到过这个问题，例如在第一章的第20条尾注中。关于特许学校带来更高的管理成本这个问题，参见 G. Miron and J. L. Urschel, *Equal or Fair? A Study of Revenues and Expenditure in American Charter Schools,* Boulder, CO, and Tempe, AZ: Education and the Public Interest Center and Education Policy Research Unit, 2010, retrieved May 9, 2011, 网址：http://epicpolicy.org/publication/charter-school-finance.

26. 在批判性教学法中，语境和学生经历是非常核心的内容，详细论述参见保罗·弗雷勒（Paulo Freire）：《被压迫者的教学法》（*Pedagogy of the Oppressed*）

以及亨利·吉鲁的一系列著作，包括《教育中的理论和抵抗》（*Theory and Resistance in Education*）、《跨界》（*Border Crossings*）、《身为知识分子的教师》（*Teachers as Intellectuals*）。

27. Thomas L. Friedman, "The New Untouchables," *New York Times,* October 21, 2009, p. A31.
28. 参见 Kenneth Saltman, *The Gift of Education: Public Education and Venture Philanthropy,* New York: Palgrave Macmillan, 2010.
29. 我在《教育的大礼包》一书中说，这就像是"私有化的循环闭路"。
30. Pierre Bourdieu and Jean Claude Passeron, *Reproduction in Education, Society, and Culture,* 2nd ed., Thousand Oaks, CA: Sage, 1990.
31. David Bornstein, "Coming Together to Give Schools a Boost," *New York Times,* March 7, 2011, available at http://opinionator.blogs.nytimes.com/2011/03/07/coming-together-to-give-schools-a-boost/.
32. 企业化教育改革的拥护者们出于意识形态对数据上下其手，对此有大量的相关研究，参见"美国教育政策研究中心智囊团评估项目"（The National Education Policy Center Think Tank Review Project），网址：http://nepc.colorado.edu/think-tank-review-project. 参见 R. L. Pecheone and R. C. Wei, *Review of "The Widget Effect: Our National Failure to Acknowledge and Act on Teacher Differences,"* Boulder, CO, and Tempe, AZ: Education and the Public Interest Center and Education Policy Research Unit, 2009, 网址：http://epicpolicy.org/thinktank/review-Widget-Effect. 要了解韩努谢克（Hanushek）的不实之词，另参见 J. Kilpatrick, *Review of "U.S, Math Performance in Global Perspective: How Well Does Each State Do at Producing High-Achieving Students?"* Boulder, CO: National Education Policy Center, 2011, 网址：http://nepc.colorado.edu/thinktank/review-us-math. 要了解费恩（Finn）的不实之词，参见 W. S. Barnett, *Special Review of "Reroute the Preschool Juggernaut,"* Boulder, CO, and Tempe, AZ: Education and the Public Interest Center and Education Policy Research Unit, 2009, 网址：http://epicpolicy.org/thinktank/ Special-Review-Reroute-Preschool-Juggernaut. 要了解彼得森（Peterson）的谎言，参见 C. and S. Lubienski, *Review of "On the Public-Private School Achievement Debate,"* Boulder, CO, and Tempe, AZ: Education and the Public Interest Center and Education Policy Research Unit, 2006, 网址：http://epicpolicy.org/thinktank/ review-on-public-private-school-achievement-debate.
33. M. Fisher, *Capitalist Realism: Is There No Alternative?* London: John Hunt, 2009, p. 42.
34. 同上，第 43—44 页。
35. 参见 Theodor Adorno, *Introduction to Sociology,* Stanford, CA: Polity Press, 2000.
36. 盖茨基金会和布罗德基金会都对不同形式的私有化改革注入了大量资金，尤其是特许学校和用来测量与测试相关的学生成绩和教师"表现"的数据跟踪项目。

后来发现特许学校提升测试成绩无望，盖茨基金会将评价标准改为测量毕业率和大学升学率。无独有偶，重塑公立教育中心的保罗·希尔也提出，应当用标准化测试的成绩结果来决定是否关闭某家传统公立学校，而不能将其用于评价取代这些公立学校的承包商业绩高低。

37. 参见 Vivek Wadhwa, "U.S. Schools Are Still Ahead—Way Ahead," *Businessweek,* January 12, 2011, available at www.businessweek.com.
38. Alan Murray, "The End of Management," *Wall Street Journal,* August 21,2010, 网址：www.wsj.com.
39. Charles Murray, "Why Charter Schools Fail the Test," *New York Times,* May 5, 2010, p. A31.
40. P. Hill, C. Campbell, and D. Menefee-Libey, *Portfolio School Districts for Big Cities: An Interim Report,* Seattle: Center on Reinventing Public Education, University of Washington, 2009.
41. 认为要对差异予以关注和克服的观点，在比尔·盖茨基金会负责人维奇·菲利普斯（Vickie Philips）的许多讲话和文章中，同样可以找到，请参见 Abigail Thernstrom and Stephen Thernstrom, *No Excuses: Closing the Racial Gap in Learning,* New York: Simon and Shuster, 2003. 依照"成绩差异"的相关观念，种族、民族、语言和文化的差异都被定义为障碍，有时候甚至是需要治疗的病灶。要超越这些差异，出路就是强化已经规定的知识内容的学习，因为这些内容有"普世价值"。这样的论调与批判教学法背道而驰，因为批判教学法要求认真对待差异，从中探索居于从属或支配的个人和集团是如何在物质和象征的意义上取得社会地位的，这样的社会地位又是如何使不同团体形成自己的知识。对差异这样的批判性诘问有助于重塑个人和集团的经验，而且从理想的角度来说，也将为共同行动、实现平等打下基础。
42. 为有关标准化考试而展开的政治斗争所做的精彩记录请参见 Mark J. Garrison, *A Measure of Failure: The Political Origins of Standardized Testing,* Albany, NY: SUNY Press, 2009. 关于标准化考试和新自由主义之间关系的现代分析，参见 David Hursh, *High-Stakes Testing and the Decline of Teaching and Learning,* Lanham, MD: Rowman and Littlefield, 2008. 另参见 *The Nature and Limits of Standard-Bused Reform and Assessment,* Sandra Mathison and E. Wayne Ross (eds), New York: Teachers College Press, 2008.
43. 大多数人忽视了这种激进的、以市场为基础的教育慈善的转变，我的著作《教育的大礼包：公立教育和投资慈善家》（纽约：帕尔格雷夫麦克米伦出版社，2010年）对此做出了详细的描述。
44. 参见 Paulo Freire, *Pedagogy of the Oppressed,* New York: Continuum, 1970; Pierre Bourdieu and Jean Passeron, *Reproduction in Education, Society, and Culture,* Thousand Oaks, CA: Sage, 1990; 以及 Bertell Ollman, "Why So Many Exams? A Marxist Response," *Z Magazine,*

October 2002, available at www.nyu.edu/projects/ollman/docs/why_exams.php.
45. 参见 Patricia Burch, *Hidden Markets: The New Educational Privatization,* New York: Routledge, 2009.
46. 乘特许学校快速发展之机而来的营利性房地产投资包括许多家银行和企业（英特尔、电影公司），甚至还包括一些著名体育人士，例如安德烈·阿加西（Andre Agassi）。参见 Tierney Plumb (The Motley Fool), "Movie House Investor Dives into Charter School Space," *Daily Finance,* August 16, 2011, 网址：www.dailyfinance.com/2011/08/16/movie-house-investor-dives-into-the-charter-school/；以及 Roger Vincent, "Agassi to Invest in Gharter Schools," *Los Angeles Times,* June 2, 2011, 网址：http://articles.latimes.com/2011/jun/02/business/la-fi-agassi-fund-20110602.
47. 美国贫困儿童中心统计数据显示，全美约有 150 万儿童，或者儿童人口总数的 21% 生活在贫困线以下。参见网址 www.nccp.org/topics/childpoverty.html。结束儿童无家可归状态的行动数据显示，150 万美国儿童，也就是每 50 个儿童中有一个，或者 2% 的美国儿童无家可归。参见网址 www.homelesschildrenamerica.org/.

第四章

1. "批判"的意思是，对教育企业化的批评应当聚焦于它在广义的体制和结构权力斗争中带来的影响。即使是一些对企业化教育改革非常有分量的自由主义批评者，包括乔纳森·柯佐尔、多罗西·西浦斯（Dorothy Shipps）、帕特里夏·柏奇（Patricia Burch）、杰弗雷·海内格（Jeffrey Henig）、理查德·洛斯泰因（Richard Rothstein）和亨利·勒文（Henry Levin），都未能从这些倡议出发去质问资本主义，当下形式的自由选举民主和现存的文化形式究竟是如何造成极度不平等、暴力、压迫和不正义。挑战公立教育企业化不是仅仅捍卫现存的社会秩序，而且是重建现存社会秩序的基础。
2. Diane Ravitch, *The Death and Life of the Great American School,* Boston: Beacon, 2010; and Linda Darling-Hammond, *The Flat World and Education,* New York: Teachers College Press, 2010, 以上两人的著作都整理了清楚扎实的依据，证明无数企业化教育尝试未能实现自身目标。另一个关于特许学校、教育管理机构和教育商品化的不可或缺的资料来源是美国教育政策研究中心进行的研究（大部分在以下注释中有引用）；网址：www.nepc.colorado.edu.
3. 关于特许学校提升学生成绩方面的研究，参见第一章，第 20 条尾注。
4. 对于特许学校与教育管理机构的种族隔离研究，参见 Gary Miron, Jessica L. Urschel, William Mathis, and Elana Tornquist, "Schools Without Diversity: Education Management Organizations, Charter Schools, and the Demographic Stratification of the American School System," Great Lakes Center for Education Research & Practice, February 2010, 网址：www.

greatlakescenter.org; Erica Frankenberg, Genevieve Siegel-Hawley, and Jia Wang, "Choice Without Equity: Charter School Segregation and the Need for Civil Rights Standards," January 2010, the Civil Rights Project, 网址：www.civilrightsproject.ucla.edu.
5. Henry A. Giroux, "Chartering Disaster: Why Duncan's Corporate-Based Schools Can't Deliver an Education That Matters," truthout, June 21, 2010. 参见 Gary Miron and Jessica L. Urschel, *Equal or Fair? A Study of Revenues and Expenditures in American Charter Schools,* Boulder, CO, and Tempe, AZ: Education and the Public Interest Center and Education Policy Research Unit, retrieved March 13, 2011, 网址：http://epicpolicy.org/publication/charter-school-finance.
6. Paul Thomas, "The Corporate Takeover of America's Schools," *Guardian* (UK), November 16, 2010, available at www.commondreams.org; Henry A. Giroux, op-ed, "Selling Out New York City's Public Schools: Mayor Bloomberg, David Steiner, and the Politics of Corporate 'Leadership,'" truthout, December 7, 2010; Henry A. Giroux, op-ed, "Lessons to Be Learned from Paulo Freire as Education Is Being Taken Over by the Mega Rich," truthout, November 23, 2010; Henry A. Giroux, op-ed, "Business Culture and the Death of Public Education: The Triumph of Management Over Leadership," truthout, November 12, 2010.
7. 特许学校依赖可能中途枯竭的慈善捐款这个问题看似已经得到了政界的认可，参见 P. Hill, C. Campbell, and D. Menefee-Libey, *Portfolio School Districts for Big Cities: An Interim Report,* Seattle: Center on Reinventing Public Education, University of Washington, 2009; and Kenneth J. Saltman, "Urban School Decentralization and the Growth of 'Portfolio Districts,'" *Great Lukes Center for Education Research and Practice,* June 2010, 网址：www.greatlakescenter.org. 我关于教育中投资慈善家的更多分析，另参见 *The Gift of Education: Public Education and Venture Philanthropy,* New York: Palgrave Macmillan, 2010.
8. 最近对"教师整顿"或者"创造性破坏"的讨论参见 A. Smarick, "The Turnaround Fallacy," *Education Next* 10, 1 (2010), 网址：http://educationnext.org/the-turnaround-fallacy/. 斯马利克认为，特许学校的优势就在于这些学校可以轻松关闭、置换成其他私有化解决方案。在"投资组合学区"模式的语境中运用"教师淘汰"或"创造性破坏"的例子，参见 P. Hill, C. Campbell, and D. Menefee-Libey, *Portfolio School Districts for Big Cities: An Interim Report,* Seattle: Center on Reinventing Public Education, University of Washington, 2009, p. 1: "在投资组合学区内，学校设立之后不会是恒久存在的，而是时刻变化……通过扩张和模仿运营最好的学校、关闭并替换运营最差的学校、不断寻找新的理念，投资组合学区会有持续的改变。"我在一篇文章中批判了这些观点。参见 Kenneth J. Saltman, "Urban School Decentralization and the Growth of 'Portfolio Districts,'" *Great Lakes Center for Education Research and Practice,* June 2010, available at www.greatlakescenter.org.

9. 参见 Gary Miron and Jessica L. Urschel, *Equal or Fair? A Study of Revenues and Expenditures in American Charter Schools,* Boulder, CO, and Tempe, AZ: Education and the Public Interest Center and Education Policy Research Unit, retrieved March 13, 2011, 网址：http://epicpolicy.org/publication/charter-school-finance.
10. "Interview with Federal Reserve Chairman Ben Bernanke," *60 Minutes,* December 5, 2010, 网址：www.cbsnews.com/8301-504803_162-20024635-10391709.html.
11. "Correspondent Steve Kroft Interviewed the President," *60 Minutes,* November 4,2010, 网址：www.cbsnews.com/stories/2010/11/07/60minutes/main7032276_ page5. shtml? tag-contentMain; contentBody.
12. Thomas L. Friedman, "The New Untouchables," *New York Times,* October 20, 2009, 网址：www.nytimes.com.
13. Henry A. Giroux, "In Defense of Public School Teachers in a Time of Crisis," truthout, April 14, 2010, 网址：www.truthout.org.
14. Alan Murray, "The End of Management," *Wall Street Journal,* August 21,2010, 网址：www.wsj.com.
15. 不论新自由主义还是自由主义，都将公民的需求算在公立教育的经济账里，难免催生"培养有生产力的公民"这种混淆视听的说法，让公民参与和经济活动之间界限模糊，将公民教育定义为经济目的的附属物，以公民是否能为企业主导的机构所接受来定义公民身份（这就如同让选举体系受制于选战捐款者和媒体广告界、让立法者受制于企业游说团）。
16. 琳达・达令－哈蒙德在《平面的世界与美国教育》（*The Flat World and Education*）（纽约师范学院，2010 年）一书中的确呼吁消除种族隔离、实现教育经费平等化，但是我在下文中会分析，她的这种观点只是为了实现新自由主义经济，而不可能在全国或者全球范围内实现经济和种族的公平。
17. Sharon Schmidt, "Diane Ravitch Stirs Overflow Crowd in CTU Lecture," *Substance News,* March 13, 2011, www.substancenews.net.
18. 拉维奇转变之后，对她的为数不多的批判者之一是里奇・吉布森。参见 Rich Gibson："Against Ravitch," *Substance News,* March 23, 2010, www.substancenews.net. 文中，吉布森写道，"拉维奇始终没有改变的原因——自始至终都如此反动的原因——她违心地拒绝承认'不让一个孩子掉队'和这个项目的巨无霸姊妹篇'力争上游'所产生的社会语境。换句话说，她完完全全看不到，这些标准化教育措施的肇始其实是资本主义源源不断的危机，导致今天的社会问题层出不穷、公平尽失。"尽管吉布森言之有理，但是他对于课程简化的倾向性使他对文化有一种单薄偏颇的结果，认为资本之间的关系决定一切，而文化不过是诸多资本关系的反映和结果，因而，要对社会改造的中坚力量进行理论分析、要为实现系统改变而努力就显得十分困难。
19. Susan Ohanian, "Betrayal: The Common Core, Liberals, NCTE, BYOB, and the

Media," *Substance News,* March 9, 2011, www.substancenews.net.
20. Henry A. Giroux, *The Giroux Reader,* pp. 185–186.
21. 斯坦利·阿洛诺维茨在他著作中说道，工人运动应当重归批判的理智根源。参见 *Against Schooling: For An Education that Matters,* Boulder, CO: Paradigm, 2008.
22. 2010 年，拉维奇曾四次做客"现在就要民主！"节目，"面对少数族裔和教师团体的批评，奥巴马为遍及全国的教育改革辩护"，2010 年 7 月 30 日；"第二部分：教育研究领军人物戴安·拉维奇论《美国教育体系的存亡》"，2010 年 3 月 8 日；博客文章，"上周的'现在就要民主'节目中，戴安·拉维奇接受艾米·古德曼和胡安·刚萨雷斯采访"，网址：www.democracynow.org/2010/3/5/protests；以及 "教育研究领军人物戴安·拉维奇：'不让一个孩子掉队'让美国充满'机构性欺诈'"，2010 年 3 月 5 日。
23. 2010 年，拉维奇单独在 *The Nation* 的 GritTV 网站多次做客书评等节目，参见 www.thenation.com/search/apachesolr_search/diane%20ravitch?filters=created%3A[2010–01–01T00%3A00%3A00Z%20TO%202011–01–01T00%3A00%3A00Z]
24. 令人赞赏的是，"现在就要民主"节目邀请了批判教育研究者、活动家罗伊斯·维纳（Lois Weiner）做客节目。
25. Henry A. Giroux, "Disposable Youth and the Politics of Domestic Militarization," in *The Giroux Reader,* ed. Christopher Robbins, Boulder, CO: Paradigm, 2006, pp. 169–170.
26. Linda Darling-Hammond, *The Flat World and Education,* New York: Teachers College Press, 2010.
27. 同上。
28. 吉鲁在教育理论和其他文化著作的语境下谈论文化和经济之间的关系，参见 Stanley Aronowitz and Henry A. Giroux, *Education Still Under Siege,* Westport, CT: Bergin and Garvey, 1989; Henry A. Giroux, *Disturbing Pleasures,* New York: Routledge, 1992; Henry A. Giroux, *Border Crossings: Cultural Workers and the Politics of Education,* 2nd ed., New York: Routledge, 2005; 以及 Henry A. Giroux, *Impure Acts: The Practical Politics of Cultural Studies,* New York: Routledge, 2000.
29. 参见 Henry A. Giroux, *Theory and Resistance in Education,* Westport, CT: Bergin and Garvey, 1983; 以及 Henry A. Giroux, *Pedagogy and the Politics of Hope,* Chapter 1, "Schooling and the Culture of Positivism: Notes on the Death of History," and Chapter 2, "Culture and Rationality in Frankfurt School Thought: Ideological Foundations for a Theory of Social Education," New York: Westview, 1997.
30. Thomas L. Friedman, *The Lexus and the Olive Tree,* New York: Anchor Books, 2000. 更多关于弗莱德曼与教育和文化有关的新自由主义思想，参见 Robin Truth Goodman and Kenneth J. Saltman, *Strange Love, or How We Learn to Stop Worrying and Love the Market,* Lanham, MD: Rowman and Littlefield, 2002.

31. Henry A. Giroux, *The Giroux Reader,* pp. 183–184.
32. 参见 Henry A. Giroux, *Teachers as Intellectuals: Toward a Critical Pedagogy of Learning,* Westport, CT: Bergin and Garvey, 1988.

第五章

1. 新自由主义教育将社会公平的表达方式偷换概念，从美国前任教育部长阿恩·邓肯的讲话当中经常可以找到例证。2008 年 3 月 6 日，在芝加哥复兴教育基金会商业俱乐部举办的"自由选择、自由成功：公立教育新市场"活动现场，我曾经听过邓肯将私有化倡议与实现社会公平相提并论，参见"教育部长阿恩·邓肯在哈佛大学的履行使命演讲"（"Secretary of Education Arne Duncan's 'Call to Service Lecture at Harvard University'"）；网址：美国教育部，www.ed.gov/news/speeches/call-service-lecture-harvard-university. 有人对其在教育领域滥用社会公平作为说辞提出了批评，参见 Henry Giroux, Education and the Crisis of Public Values, NewYork: Peter Lang，2011.
2. 从早期的社会重建主张到后来的批判教育，美国的批判教育有着悠久的传统，但是大部分进步主义的杂志，例如《民族报》（*The Nation*）和《哈珀斯》（*Harper's*），在很大程度上支持自由主义或行动主义的观点，而排斥批判教育的视角。
3. 杜力（Tooley）还写了一本书，书中将女权主义定义成对全球妇女的威胁，参见 James Tooley, *The Mis-Education of Women,* Chicago: Ivan R. Dee, 2003. 杜力认为，妇女的岗位就是家庭，女权主义危及经济中男性的主导地位。相比较他曾经提出的要在贫穷国家创立快餐模式的企业化教育这一呼吁，上述观点应当得到重视。他毕生致力于实现覆盖所有经济阶层和性别的不平等。世界银行对杜力的"研究"反响热烈，这并不奇怪，因为熟悉世界银行历史的人都知道，世界银行素来擅长以债务压制使贫穷国家俯首帖耳、接受私有化、"结构调整"，而帮助富有国家的资本家坐收渔利。
4. 包括西奥多·阿多诺、马克思·霍克海默（Max Horkheimer）、赫伯特·马尔库塞（Herbert Marcuse）等在内的法兰克福学派批判理论对实证理性进行了透彻的批判。在教育领域将批判理论运用到教育政策和改革的学者中，较为著名的是亨利·吉鲁和斯坦利·阿洛诺维茨。
5. 参见 Zygmunt Bauman, *The Individualized Society,* Malden, MA: Blackwell, 2001.
6. Linda Darling-Hammond, *The Flat World and Education,* New York: Teachers College, Press 2010, p. 28.
7. 同上，第 26 页。
8. Stanley Aronowitz, *Against Schooling: For an Education that Matters,* Boulder: Paradigm, 2008.

9. 需要经济分配和文化认同的交叉理论，相关讨论参见 Nancy Fraser, *Justice Interruptus,* New York: Routledge, 1997, 尤其是第一章和第三章, 另参见最近出版的 *Scales of Justice,* New York: Columbia, 2009, 在这部著作中, 她将经济和文化矩阵进行了扩展, 将政治内容也包含在内。
10. 参见 Jonathan Kozol, *The Shame of the Nation,* New York: Three Rivers Press, 2005.
11. 参见 Nancy Fraser, *Scales of Justice,* New York: Columbia, 2009.
12. Nancy Fraser, "From Discipline to Flexibilization: Rereading Foucault in the Shadow of Globalization," *Constellations* 10, 2 (2003), p. 166.
13. 我在《教育的大礼包》一书中批评过 "新式老马克思主义", 这种思维可贵之处在于重视阶级问题, 但是它也有十分严重的破坏性问题, 就是将其他所有传统都视作唯一的 "纯粹" 话语的敌人。有些学者最近正是出现了这种倾向。马克思主义不断为我们提供很有分量的犀利见解, 但是在教育领域, 向庸俗马克思主义的回归让马克思主义传统的糟粕, 尤其是前卫作风和这种半宗教式的关于 "纯粹" 的话语又沉渣泛起。
14. 参见 Georges Batailles, *The Accursed Share, Volume One,* New York: Zone Books, 1995. Jean Baudrillard, *The Consumer Society,* Thousand Oaks, CA: Sage, 1998, 该著作是早期承认这一问题的重要著作之一, 之后有 Zygmunt Bauman, *Wasted Lives: Modernity and Its Outcasts,* Cambridge, UK: Polity Press, 2004, and Henry Giroux, *Youth in a Suspect Society,* New York: Palgrave Macmillan, 2010。这些著作都意义深厚。吉鲁著作的重要意义在于, 他发现, 愈演愈烈的针对年轻人的硬战争和软战争都昭示着未来主义的完结, 这和消费资本主义和生态灾难这条不归路之间存在必然的联系。另参见 Alex Means, "Neoliberalism and the Politics of Disposability: Education, Urbanization, and Displacement in the New Chicago," *Journal of Critical Education Policy Studies* 6, 1 (2008).
15. 参见 Richard Wolff's important film "Capitalism Hits the Fan" (2008) produced by Media Education Foundation.
16. Slavoj Zizek, *First as Tragedy, Then as Farce,* New York: Verso, 2009, p. 91.
17. 同上。
18. David Harvey, "The Future of the Commons," *Radical History Review* (Winter 2011), p. 105.
19. 同上。
20. 参见 Linda Darling-Hammond, *The Flat World and Education,* New York: Teachers College Press, 2010, for abundant empirical evidence as to the destructive effects of these antiteacher policies on the "quality" of teaching as measured by test outputs.
21. 我所说的致力于批判, 并不是仅仅将批判思维作为解决问题的技能, 而是让批判成为教育的传统, 因而, 需要正确理解知识与范围更宽广的权力斗争、利益和社会结构之间的关系。

22. Lois Weiner, *The Global Assault on Teaching, Teachers, and Their Unions,* New York: Palgrave Macmillan, 2008.
23. 参见盖茨和梅琳达基金会网站, www.gatesfoundation.org/ college–ready–education/ Pages/default.aspx。网站有一个"特别事实",用于恰当地说明高等教育能制造经济机会并非空谈,内容是这样的:"特别事实:到 2018 年,美国 63% 的就业机会需要高等教育的证书。"这个"特别事实"的意义在于提出只要接受高等教育,教育自身就能创造经济机会。可是教育本身并不能创造更多的就业机会、降低失业率或者带来产业的扩张或收缩,所以盖茨基金会的说法实在太不着调了。另参见美国教育部网站,前任美国前任教育部长阿恩·邓肯《在哈佛大学的履行使命演讲》;网址:www.ed.gov/news/speeches/call–service–lecture–harvard–university。
24. 就在阿恩·邓肯对宣传影片"等待超人"大加颂扬之前,他说,"正如奥巴马总统所言,教育是最重要的扶贫项目之一。"参见邓肯"在哈佛大学的履行使命演讲"(Call to Service Lecture at Harvard University);网址:www.ed.gov/news/ speeches/call–service–lecture–harvard–university。
25. 里克·佩里(Rick Perry)称自己在得克萨斯州任州长时曾创造了就业奇迹,而密特·罗姆尼(Mitt Romney)反驳称佩里是通过从其他州挖墙脚才实现了这部分就业(而如果当选美国总统,这根本算不上什么办法)。热播节目"这样的美国生活"(This American Life)第 435 集,"怎样创造一个就业机会"("How to Create a Job")2011 年 5 月 13 日上映,深刻揭露了官员当选之后在州和州之间互相挖就业机会的行为;网址:www.thisamericanlife.org/radio-archives/episode/435/ how-to-create-a-job。
26. David Harvey, "The Future of the Commons," *Radical History Review* (Winter 2011), p.107.
27. Louis Althusser, "Ideology and Ideological State Apparatuses: Notes Towards an Investigation," in *Mapping Ideology,* ed. Slavoj Zizek, New York: Verso, 1994 [orig. 1969–1970], p. 111.
28. 同上,第 119 页。
29. 同上。
30. 参见 Edward Herman and Noam Chomsky, *Manufacturing Consent,* New York: Pantheon, 1988, and the work of Robert W. McChesney, such as *Rich Media, Poor Democracy.*
31. G. Miron, J. L. Urschel, W. J. Mathis, and E. Tornquist, *Schools Without Diversity: Education Management Organizations, Charter Schools, and the Demographic Stratification of the American School System,* Boulder, CO, and Tempe, AZ: Education and the Public Interest Center and Education Policy Research Unit, 2010, 网址:http://epicpolicy.org/publication/schools-without-diversity.

图书在版编目(CIP)数据

教育企业化改革的失败 /（美）肯尼斯·J.索特曼著；张建惠译． — 北京：商务印书馆，2022
ISBN 978-7-100-19670-3

Ⅰ．①教… Ⅱ．①肯… ②张… Ⅲ．①学校－教育改革－研究－美国 Ⅳ．① G571.21

中国版本图书馆 CIP 数据核字（2021）第 277642 号

权利保留，侵权必究。

教育企业化改革的失败

〔美〕肯尼斯·J.索特曼 著
张建惠 译

商 务 印 书 馆 出 版
（北京王府井大街36号 邮政编码100710）
商 务 印 书 馆 发 行
艺堂印刷（天津）有限公司印刷
ISBN 978-7-100-19670-3

2022年10月第1版	开本710×1000 1/16
2022年10月第1次印刷	印张 9½

定价：58.00 元